国际关系学院中央高校基本科研业务费专项资金资助（项目编号326202

U0459485

浅析高校体育
教学实践中的几个问题

QIANXI GAOXIAO TIYU JIAOXUE SHIJIAN ZHONG DE JIGE WENTI

薛春花 著

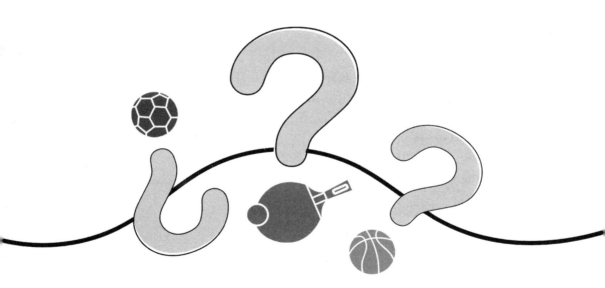

中国广播影视出版社

图书在版编目（CIP）数据

浅析高校体育教学实践中的几个问题 / 薛春花著 .
-- 北京：中国广播影视出版社，2024.2
ISBN 978-7-5043-9144-5

Ⅰ.①浅… Ⅱ.①薛… Ⅲ.①体育教学－教学研究－高等学校 Ⅳ.① G807.4

中国国家版本馆 CIP 数据核字（2023）第 231928 号

浅析高校体育教学实践中的几个问题

薛春花　著

责任编辑	杨　凡	
封面设计	文人雅士	
责任校对	龚　晨	

出版发行	中国广播影视出版社	
电　话	010-86093580　010-86093583	
社　址	北京市西城区真武庙二条 9 号	
邮　编	100045	
网　址	www.crtp.com.cn	
电子邮箱	crtp8@sina.com	

经　销	全国各地新华书店
印　刷	廊坊市海涛印刷有限公司

开　本	710 毫米 ×1000 毫米　1/16
字　数	150（千）字
印　张	10.75
版　次	2024 年 2 月第 1 版　2024 年 2 月第 1 次印刷

书　号	ISBN 978-7-5043-9144-5
定　价	58.00 元

■■■ 前 言 ■■■

　　随着我国综合国力的不断增强，教改的不断深入，让教育越来追求人发展的本性，注重学生的全面发展，重视学生的身心健康。经济的快速发展在带来优越物质生活的同时，也带来了各种各样的心理问题，现代的学生与之前相比也发生了很多变化。高校普通大学生的体育课作为一门实操性的学科，其特有的育人作用也逐渐显现。近年来中小学体育教改火热有效地进行，体育课也受到学校、家长和学生的重视；高科技产品在体育运动中的运用，也提高了大家对体育的认知和参与度；国家政策上对体育给予了很高的重视，发出各种文件来加强青少年身体素质提高；各个高校普遍加大对体育的重视力度，如加大对大学生体质监测的监督，以及一票否决等措施，重视校园体育文化建设，践行着高校体育激发大学生锻炼兴趣、促进其身心健康发展的宗旨；现代教育思想的变革，现代教育的方式方法，教育模式的革新，如体育互联网教学模式，线上线下融合式教学模式，智能设备在高校体育教学中的应用，高校体育课程思政建设的要求等，这些变化对高校体育教学也带来了强大冲击，渗透到高校体育教学的各个环节，从教学模式、教学内容、教学方法、教学方式、教学手段、教学评价、教学效果等，全方位多角度展现体育教学成果。

本书依靠当今教育大背景，结合高校体育教学实际进行的状况，以及自己十多年的教学实践经验和研究，从高校体育教学政策思想文件、新型教学模式、教学方法、高校体育文化开展状况，教学内容中有关新兴运动项目和外来体育项目开展建议等方面的实践研究，来展示和分析高校体育教学现状，以探讨高校体育教学未来发展方向，希望为高校体育教学发展提供一些实践参考。

目 录

第一章

高校体育教学主要理论基础及政策

高校体育教学理论是以高校教学和体育学为基础理论，进行融合和细分。虽然包含的内容广泛、复杂，但经过多年的发展变革，前人在这方面已经进行大量的相关研究，并产生了许多共识性的理论知识。本文仅从高校体育教学相关概念、特征等入手，来探讨高校体育教学的本质，分析高校体育教学中存在的现状，解析目前高校体育教学改革中的热门话题，以探讨高校体育教学的未来发展方向。

第一节　高校体育教学的特征

一、体育教学价值

教育的基本价值在于传承与发展，使学生获得知识、发展能力、形成良好的品格。体育教学的终极价值是通过体育教学，让学生掌握体育知识技能，树立终身体育观念，完善人格，提高健康水平，发展身心等综合素质。因此，体育教师必须树立正确的体育教学思想，运用合理的教学设计，把体育价值融合在教学行为之中，通过教学过程，达到体育教学的价值，培养适合社会发展的人才。

二、体育教学目标

体育教育目标必须根据学生生长发育的不同阶段、不同时期的身心发展特点及规律而制定。因此，在考虑学生群体的特征时，还应充分考虑学生个体的差异性，使每个学生得到充分发展。由于影响因素多样，而且不断变化，所以，体育教学目标是可变的、发展的。

自20世纪90年代后期以来，国内体育课程进行了大幅度变革。2001年教育部陆续制订颁发了《普通高等学校体育课程教学指导纲要》《全国中职学校体育教学指导纲要》等一系列文件。总体要求，中国体育教育逐步向体育与健康教育转轨。教学体系涵盖了体能、知识、技能、兴趣、爱好、习惯、心理、交往合作、生活方式、生活态度等多方面综合的教育目标。为重新思考和建立中国体育教学目标提出了要求和改革方向。

体育教学目标必须遵循体育和教育的自身规律，实现以"体""育"人的目的。随着体育教学环境的不断变化，体育教学基础理论的不断完善，体育教学目标会更加体现时代特征，反映社会要求、指导体育教学实践。

三、体育教学内容

体育教学内容的独特性表现在：（1）运动的、实践的。不仅我们的身体肌肉群、心血管等身体机能需要运动来进行锻炼和提高，心理素质和文化知识获得以及道德品质的培养也可以通过运动实践来体验获得。（2）娱乐性。大多数运动项目都是起源于游戏，因此，体育教学内容具有很强的娱乐性。（3）健身性。健身性是体育教学区别于其他学科教学的特有性质，因为每个运动项目（一些特殊的项目除外如棋类、电子游戏）都有运动负荷的要求，都会提高身体素质。（4）人际交流平台。目前大多数的体育教学，尤其是线下的体育教学，是以集体形式进行，在教学过程中，师生之间、学生之间需要面对面沟通，在动作学习与运用的过程中，学生也会体验各种角色，如学生角色、助教角色、队长，甚至是教师角色等，因此，体育课堂就是一个小型的交流平台。

体育教学素材，内容丰富且来源广泛。体育教学内容是动态性的，受科学发展和社会发展影响。由于这些因素的不断变化，体育教学内容就不能固定不变，必须做好动态调整。比如，现代社会的快节奏、高竞争性的特点，对人才的竞争力、创造力和良好的心理素质有了更高的要求。节奏的加快，使得锻炼更加碎片化，科技的运用促进教学内容的易得性、丰富性、娱乐性等，我们需要紧跟时代发展步伐，主动进行体育教学内容的创新与变革。

四、体育教学模式

体育教学与其他学科教学相比，是一个比较复杂的教学过程。它包含学习、游戏、训练等过程，因此，体育教学中必须遵循认知的规律、身体锻炼的规律、技能形成的规律、竞赛规律等综合的规律，体育教学模式也必须反映这些规律。

在教学实践中出现了许多成熟的体育教学模式，经过试验或常用的有以下几种教学模式：

1.技能掌握式的教学模式。这种模式也被称为"传统的体育教学模式"，比较注重运动技能的传授，以系统教学理论为基础，遵循运动技能掌握的规律性来设计教学过程。教学设计以技能学习和练习为主线，注重技能掌握效果的评价。

2.快乐体育教学模式。是在快乐体育思想下形成的教学模式，主张让学生在掌握运动技能和提高体能的同时体验到运动的各种乐趣，并通过这种快乐体验促进学生养成终身运动习惯。此模式遵循了运动情感变化规律，多采用游戏法、挑战法、分组竞赛法、群体学习法等教学方法，让学生能体验到运动、学习、挑战、交流和创造的多种乐趣。

3.小群体教学模式。在教学中尝试通过集体因素、人际交往的社会性需求以及学生间的互帮互助等来提高教学质量，达到对学生综合素养的培养。小群体教学模式，一般分为单元前半、单元后半、单元检测。单元开始前需要进行分组，形成集体和学习目标。单元前半是教师指导性为主的小组学习，此时以学习活动为主；单元后半是学生主体性的小组学习，教师做辅助指导，此时以练习和交流活动为主；单元检测，一般以小组间比赛、团体展演、小组总结、单元总结等为主。

4.课课练教学模式。重视通过体育教学进行身体锻炼，谋求学生体质增强，强调按人体活动和技能变化规律来设计教学过程。此模式与传统的体育教学模式类似。根据不同运动技术要求进行相应的专项身体素质练习。

5.成功体育教学模式。针对学生运动学习快慢、难易的不同，主张让每个学生都体验到运动学习乐趣，形成学生运动志向和运动自信心的教学模式。其原则是：主张让学生多体验成功但不否认过程中的失败；强调竞争的作用也重视协作的重要性；将相对评价与绝对评价相结合；营造温暖的学习氛围；强调既懂又会的学习效果。此模式充分贯穿了因材施教的思想。在这个模式的教学设计中，单元前期和单元后期都有一个经过改造的练习或者比赛方法，使得每一位同学都能参加和享受到成功带来的乐趣。也就是按水平分组，制定不同水平的训练和比赛要求，使得每个同学都有针对自己的努力目标，帮助学生建立起学习自信心，最大限度地激发学生的学习积极性。

6.选择制式体育教学模式。通过让学生对学习内容、学习进度、学习资料、学习伙伴等因素进行一定程度的自选自定。调动学生的学习的积极性和主动性，并培养学生的学习能力。课中多以"同一课题小组"（进行同样选择的学生组成一组）进行学习为主，教师轮回教学和指导，这种教学模式适应有一定学习基础的学生。

另外，还有发现式的体育教学模式，也称为问题解决式或创造式教学模式、情境教学模式或者形象教学模式、发展学生主动性的教学模式，例如主动性教学、自主式教学、自练式教学等都属于这种教学模式；领会式教学模式，就是"由整体学习到局部学习再到整体学习"的教学过程和模式。

（一）新型体育教学模式的特点

随着社会的发展，科技的进步，为了适应时代发展的要求与教学的复杂多变，基于现代教育理论下的体育教学，优化现有的教学模式，构建新的体育教学模式，使其真正具有时代性、先进性、开放性和时效性。

首先，新型体育教学模式注重学生的主体性和差异性。体育课程坚持健康第一、促进体能提升、激发运动兴趣、培养终身体育理念，关注学生的个体差异与不同需求，确保每个学生受益。因此，新型体育教学模式是立足于学生运动技能的掌握、运动能力的提高、终身体育意识的培养以及综合素质的提高。

其次，教学内容的灵活性、多样性和开放性。对教学内容进行时时更新，并拓展教学内容和资源。无论是大众健身体育、民族传统体育、时尚体育还是新兴体育，只要有利于学校体育教育资源的充分利用、能引起学生兴趣、培养学生运动习惯，都可以引入体育课堂教学。

再次，学生运动的自主性。传统的体育教学是教师教什么，学生学什么。但最佳的学习方式应该是学习者在学习过程中能充分发挥自主性，对所学知识进行主动思考，这样才会产生最好的学习效果。教师根据学生情况，设计不同层级的教学内容，引导学生根据自身基础特点，自主选择练习的阶层和练习方式，达到真正的自我成长。

最后，教学空间的外延性和教学手段的灵活性。体育教学不仅仅局限于体育课堂中，体育锻炼是生活的一部分，只有渗透在我们生活之中，才能长期坚持，养成终身运动的习惯。所以，课堂体育、课外体育锻炼、校内外各种体育赛事、家庭体育活动、社区体育活动、业余体校训练、体育俱乐部等都承载着体育教学的功能。

根据不同的教学内容，不同的教学阶段，不同的学情，灵活使用不同的教学方法和教学手段，使得教学内容可以精确形象地再现于学生面前，并使得抽象的知识具体化、形象化，达到化繁为简的目的，以提高学生学习的兴趣，活跃课堂氛围，提高学生的娱乐体验感，最大化体育教学的目的。

从体育课程目标上来看，体育课程目标趋向多元化。目标明确要求，在增强体质的同时，注重培养学生体育文化素养，强调学生个性和创造力的培养，把道德教育融合在体育教学过程之中。在课程中，不但要实现体育知识和技能的传授，同时培养学生运动的能力、健康的行为习惯，高尚的品德，为终身体育打下基础。

从课程内容来看，现代体育教学模式更加注重学生运动的主体需求。随着社会的发展，学生对体育的需求呈多元化态势。课程内容只有满足了学生需要，才能激发学生兴趣，形成稳定的心理状态，并最终实现终身体育。因此，课程内容一是要重视传授终身体育所需要的体育知识，主要包括体育基础知识、保健知识、身体锻炼与评价知识等。二是要重视竞技运动项目的健康化、大众化，即降低对技术水平的过度追求，根据学生年龄特征、技能掌握规律等因素，挖掘项目的娱乐功能、健身功能、社交功能、放松功能等作用，便于学生长期坚持。

（二）新型体育教学模式特征

新型体育教学模式的目标，不仅有运动技能目标，还有情绪、态度、能力、个性等目标。重视全体学生全面发展和个性培养相统一。新型体育教学模式的教学设计思想，来源于学生的发展需要和教学内容的需要。在教学设计中，要让学习者作为一个完整的个体参与到教学中来，让学习者在解决问题中，学习掌握学科内容。

学生的自主性主要指学生的自我意识与自我能力，包括学生的自尊、自爱、自信、符合实际的自我判断、积极的自我体验和主动的自我调控等。创造性是学生在主动性和自主性发展到高级阶段的表现，它包括创造的意识、创造的思维和动手实践的能力。教师的教是外因，学生的学是内因，外因通过内因起作用。教学中尊重差异，才能使教育恰到好处地关注到每一个学生，才能发挥学生的主体作用。

1.在教学指导思想上，以实现体育教学中满足社会需要与促进学生个性发展的和谐统一。

2.在教学目标上，将围绕着21世纪对人才培养的需求，青少年身心发育特点等，加强对学生能力的培养。

3.在教学程序中，逐步融入运动目的论的思想，让学生充分体验运动学习中的乐趣；引导学生充分理解教学过程和参与学习过程；改变过去教师主导化、统一化，而学生被动化、机械化的做法；在教学方法上，以学生为中心，体现学生的主体性，满足更多学生的需求，提供个别化和个性化的教学方法；在教学评价上，将以学生生动活泼的学习氛围、个性的充分发展、兴趣习惯能力的养成、主要学习目标的达成等为基准。

（三）体育教学模式的优化

教学模式是相对的，不是绝对的；要依据教学目的和教学任务、教学内容和特点、教学对象的实际情况、依据教学条件和教师的特长等条件的不同而做出改变。

1.根据教学目的、任务以及思想不同，调整教学模式

在介绍某一项新技术时，可采用，示范、演示等直观为主的模式和方法；如果需要学生对某一个技术熟练掌握，就需要采用讲授、模拟、重复练习等讲练结合的模式和方法；若要学生熟练掌握此项技术或者转化为能力，则一般可采用操练、作业、演习、模拟赛等模式和方法；若要使得学生在掌握技术的过程中有所发展和创造，需要引入实战等。根据每一节课的具体目的和任务，采取相应的模式和方法，突出某一种模式和方法，综合地使用其他模式和方法。

根据不同教学思想优化体育教学模式。例如，如果希望学生在无技术难度的要求下提高身体素质，加大运动负荷，可选择训练式教学模式、自练式教学模式等；如果希望通过快乐学习、成功学习，让学生体验运动的乐趣，可选择快乐体育教学模式、成功体育教学模式等。

2.根据单元教学不同阶段优化体育教学模式

在精细教学类内容中，大纲规定了各个项目的学时，以确保各个运动项目单元教学任务的完成，并使学生能熟练掌握几项运动技能。在单元练习的最后一个阶段中，由于学生基本掌握所学的运动技能，应进一步重复练习和巩固、并注意动作的细节问题，因而在此阶段应以选择能力培养模式为主。

3.根据不同的教学手段优化体育教学模式

教学手段的不同会影响教学模式的选择。比如，随着现代化信息技术的快速发展，多媒体教学、虚拟教学、混合式教学等现代化教学手段大量地运用于教学，这不仅增加了课堂容量，拓展了教学实践，也便于我们在教学中将复杂的疑难问题简单化、浅显化，把高难技术具体化、形象化，这对于教学模式的选用带来了强大的挑战，同时也催生了新的教学模式。

4.根据学生基础优化体育教学模式

在选用教学模式时，也要考虑到学生的身心发展特征、知识基础和接受能力等做到因材施教。

5.根据教师特长优化体育教学模式

教学模式的选择离不开教师的特长。每位教师由于自身的性格、爱好、习惯、素养的不同，反映在教学上必然有不同特征。根据教师的特长选择教学模式，可以使教师在授课过程中更加得心应手，有更大的发展空间，并逐步形成独特的教学风格。教师在教学风格上百花齐放，各具特色，就可以充分调动学生的积极性和创造性，强化教学效果，在教师和学生之间形成一种良性循环。

"教学有法、教无定法、贵在得法"，教学是一个复杂、多变的动态过程，教学模式和方法的选择就不能拘泥于某种固定的或者套用某一种教学模式，要因材施教，因教学内容施教，因教学任务施教，教师需要根据不同教学思想，从众多模式和方法中加以选择和搭配，为不同类型的教学提供与之相匹配的教学方式和教学模式，从而做到教学模式的优化。

第二节　高校体育教学目前存在的问题

1961年的《高等学校普通体育课教材纲要》中开始强调"有效提升学生体质"，但大学生整体体质至今仍未能得到有效发展。造成这一结果的原因是多样的，有社会因素，家庭因素，学校因素等。下面我们从学校方面来解读。

一、教学内容和教学方法方面

首先，学校体育教学项目中，竞技体育运动项目越来越普及，大多是现代体育运动项目，民族性的运动项目开发不足，乡土性的运动项目逐渐淡化视野；其次是体育教学项目减少，种类单一，常见的运动项目就是三大球、三小球及常规操舞类项目，不重视传统运动项目的传承和新兴运动项目的开发；再次，体育教学内容中的娱乐性逐渐减少，对动作的规范性要求加大，使得课堂变得枯燥乏味；最后，运动场地器材越来越正规化，体育教学开展的门槛和成本也越来越高。

体育教学内容是为了达到体育教学目标而选用的体育知识和技能的体系，是在教学实践中教师教与学生学的真实材料。在制定体育教学内容时，应该充分研究和调查学生的身心发展特点和目前的运动水平，在获得较准确的学情基础上进行教学设计。因此，教学内容不是固定不变的，它应该是根据学生情况随时可以做微调的，是动态的，这样才能更好地满足学生需求，激发学生运动的动力。

在高校体育教学中，那些具有娱乐性，游戏性，实践性，交流性，健美性的教学内容，受到学生的喜爱。但与之相反的一些因素阻限制着高校体育教学的发展，比如考核评价体系单一，教学内容陈旧，教学方法的单调，教学手段的老旧，体侧达标的硬性要求等，使得学生丧失了运动的兴趣，降低了体育教学的娱乐性和育人效果。

由于高校的体育选修课的课时比较少，无法涵盖全部教学内容。因此，基础训练占据体育课堂教学的主体地位。多数情况下都是以"单项基本功"训练为主，在教学方法上也多是教师讲解和示范，学生模仿练习，按照老师的动作要求，进行反反复复的练习。以教师为中心，忽视了学生的主体性，在这样的学习和练习中，学生的主观能动性得不到开发，思维受到限制，感到枯燥无味，失去运动的信心。这对学生的心理发展和创新性发展造成不利影响，从而使得学生丧失了对体育运动的兴趣。

二、在学生体育课程成绩的评价体系方面

目前，高校采用的体育教学评价局限于固定教学内容，多采用终结性评价方式，大多采用量化法对学生的基本体育能力进行评价，最后换算成数字分数，并以最终的数字化成绩表明学生这门体育课的成绩。这样的成绩虽然可以反映学生目前的技术水平，但用它来反映学生的学习结果具有片面性，即这个分数不能真实全面地反映学生的体育水平。同时，这个考核评价方法，没有考虑到学生的个性化差异，只注重教学结果，不重视学生的学习过程，对学生的专项技能、擅长的领域、课堂的表现、学习的态

度、学习行为等都没有涉及。

另外，目前很多高校普遍将选修体育课的成绩、体测成绩等与学生评定奖学金、三好学生等荣誉联系在一起。从学校来说，是为了促使学生对运动的重视，但在落实过程中，会出现与目的相悖的现象。第一，由于体育各专项技术的特点不同，因此，无法有统一的考核标准，造成最终考试成绩是不均衡的。第二，体能提高，需要符合身体机能发展规律和训练规律。这方面的提高是一个系统工程，需要有科学的训练计划与实施过程，只凭一周一次的体育课时间很难做到。因此，要促进学生身体素质必须把学生课内外的体育活动结合起来。在课程评价中，也应包含课外体育锻炼部分。第三，如果考核成绩严格按照运动积水水平进行量化打分，普通学生是很难拿到高分的。但高校体育教学的目的不仅仅是让学生提高技术水平，高校体育教学的最终目标是让学生养成良好的运动习惯。而体育课成绩的功利性，会造成部分学生为了获得高分，放弃自己感兴趣的项目而选择比较容易得高分运动项目，这对学生运动能力的培养，以及终身运动习惯的养成是相悖的。体育成绩评定不能以一种量化考核记录为最终成绩，还应该根据学生自身的身体情况、平时上课的态度、出勤情况、理论知识水平、技战术水平、品德表现等去综合评定成绩。

在体育教学组织实施和教学方法的选择上也有待改进，多数体育课都是以集中授课制为主，偏重专项技能传授，忽略了学生综合素质，以及学生已有技能和个性化的发展；课内外体育活动衔接不足，体育课中的竞赛活动和校内体育协会的体育竞赛、校外体育赛事是普通高校学生运动技能实践的重要平台，是不同运动水平层次的学生，不断完善自我、突破自我的平台，但现实中高校体育课教学与课外运动实践割裂开来，体育教学过分强调运动技术的规范性，忽略了与课外体育活动衔接的重要性，从而降低了课程效能。

三、积极推进高校体育教学的改革

在科技高速发展的今天，社会更新迭代的步法在加快，高校体育教学不得不做出变革与创新。从教学内容、教学资源、教学模式、教学方法、考核评价等方面，进行全面改革和优化。高校的课程建设的本质是强调人才的培养，课程建设的内涵是课程的高阶性、创新性和挑战性。在课程中对学生的知识、技能、能力和素养进行高阶的有机结合，培养学生解决复杂问题的高阶思维，同时养成主动思考的能力和创新精神，探索世界奥秘。

因此，高校体育教学要以提高学生综合素质为主。在进行课程改革和创新中能够做到：第一，在教学过程中，以教师为主导，以学生为主体，充分发挥学生的主动性、积极性、能动性和探索性。第二，在教学组织形式上，由教师的"教型"转为学生的"学型"，主张学生自律、自主的进行学习。第三，在教学内容和课程设置上，在做好和保证基本技术授课的同时，要适当地增加一些理论教学，包括竞赛规则、裁判法和组织编排，运动康复、运动养生等方面的知识。第四，在教学方法上，高校教师要改变过去只注重基本动作的讲解和示范的授课方法，增加运动的对抗性、展演性，并讲究技术的实用性，把竞赛引进课堂，把表演引进课堂，让内容与实战相结合，让内容与学生的现实生活建立连接，激发学生学习的积极性。第五，提高课堂的趣味性和娱乐性，比如穿插体育游戏，提高学生学习和练习的兴趣。第六，在体育教学中，紧跟科技发展步伐，大胆使用高科技成果。例如组织学生利用多媒体投影设备观赏高水平的体育赛事，使学生感受运动的魅力，激发学生的学习热情和动力，力争在体育教学过程中，使学生"学、练、赛、娱"相统一，使得体育教学效果最大化。

第三节 现代高校体育课程改革政策解读

一、体育课程教学指导纲要解读

2002年8月，教育部对第四部《全国普通高等学校体育课程教学指导纲要》进行修订，提出"健康第一"的指导思想，赋予体育课程更广泛的功能，提出包括运动参与、运动技能、身体健康、心理健康、社会适应五个方向的课程领域目标，主张打造更具开放性和适应性的体育课程。

《全国普通高等学校体育课程教学指导纲要》（2002年版）和《高等学校体育工作基本标准》，对普通高校体育工作的规划发展、课程设置、课外活动等方面提出了明确要求并设立了基本标准，开足开齐体育课、保质保量完成教学任务成为大学体育课程的硬性要求。

进入21世纪以来，高校体育课程改革核心理念由"素质教育"逐步转向"立德树人"语境下的核心素养培育，在回答新时代高等教育"为谁培养人、培养什么人"的同时，体现出课程理念从"学生本位"向"核心素养"转向的态势。

核心素养包括文化基础、自主发展、社会参与三个方面；文化基础从人文和科学两个视角阐述了人类发展的优秀文化成果对于人的价值生成、审美、批判、逻辑等方面的能力形成的重要作用；自主发展从学习和生活两个领域强调了个体认识自我、发展自我、管理自我、并通过不断学习完善自我的主体属性，学会学习、学会生活是个体生命价值的重要体现；社会参与则从态度和能力两个方面对个体的社会责任感、国家认同感、实践创新能力和问题解决能力等方面提出了道德与能力协同发展要求中，核心素养的要素是非常具体的，不仅是教给学生一个技术，而是让学生拥有运动的能力，形成健康的行为习惯，养成高尚的道德品行。学生综合素养的培育是一个复杂的长期的发展的过程，教师会发现，仅仅凭借几节课，一个学期的课，甚至一个学年的课，学生距离真正拥有核心素养还有一定距离，培养核心素养的过程是比较艰难的。因此，我们应该站在更高的一个位置，来重新认识高校体育教育这个事业，寻找新的突破点，提升教学水平，破解综合素养培育的难题。

（一）要认识到培育学生核心素养就是培养学生正确的价值观

2016年北京师范大学资深教授林总文先生带领他的团队，通过三年的研究发布了对核心素养的定义。在2016年5月，新闻发布《中国学生发展核心素养》的框架。各个学科开始研究核心素养怎样走进学科教育？怎么样把核心素养落到实处？体育也不例外，这方面的研究也非常多，很多专家学者们都投入对象研究当中，最终确定中国体育学科核心素养的培育锁定在三个维度上，也就是体育精神，运动实践和健康促进。

（二）核心素养的培育不能停留在口头，要体现在实践工作当中

运动能力提升的过程，就是对学生心智能力的一个锻炼的过程。运动

能力和运动技术是有差异性的。之前体育教学是教学生某个技术，技术掌握了，考试及格了，教学任务就完成了。但是现在是培养运动能力。运动技术掌握了，再通过反复的练习，达到能够灵活运用的层面，这个层面不仅仅需要有技能，还要有身体素质能力，以及心理素质能力。例如，足球的传接球，如果在教学当中传接球技术掌握了，但不一定能够在赛场上运用，在实战中，如果传给距离较远的同伴，还需要有足够的力量，如果遇到有人防守有人断的时候，还要具备一定的心智能力，观察周围的环境，分析判断这个球该怎么传才能传到同伴手里。在这种情况下，我们的核心素养的培育目标才到运动能力的层面。

健康行为的构成要素包括：健康的意识，健康的知识，健康的技能，也就是促进健康的行为。形成健康的行为习惯，要求在体育教学过程当中，即要关注运动技能的传授，也要传授健康行为意识。不懂得促进健康的技能，即使学会运动能力，也无法促进健康。所以，我们能够让学生分析判断什么是健康的行为？什么是不健康的行为？远离不健康的环境，把不健康的行为克服掉，学生掌握了这些知识，就会运用到具体的生活当中，才会养成健康的生活习惯。

高尚的体育品德。体育品德可以具体表现为学生的规则意识，团队精神，家国情怀，互帮互助，与人为善，公平竞争，拼搏进取等。在体育教学中，怎么让学生能够拥有这些良好的品格？并找到驱动学生良好品德的内驱力，是一线教师不断在实践中探讨的课题。

二、高校体育教学课程思政建设政策解读

2020年5月，教育部印发《高等学校课程思想政治建设指导纲要》

（以下简称"指导纲要"），首次提出"全面推进高校课程思政建设，发挥好每门课程的育人作用"。

在高校课程思政建设中，体育课程紧跟改革要求，体育本身具有无可替代的育人价值，有素质教育不可替代的作用，需要高度重视和可持续设计，在课程思政方面有广泛的探究和深度的挖掘空间。从政策来说，2020年，中共中央办公厅、国务院办公厅《关于全面加强和改进新时代学校体育工作的意见》指出："学校体育是实现立德树人根本任务、提升学生综合素质的基础性工程，是加快推进教育现代化、建设教育强国和体育强国的重要工作，对于弘扬社会主义核心价值观，培养学生爱国主义、集体主义、社会主义精神和奋发向上、顽强拼搏的意志品质，实现以体育智、以体育心具有独特功能。"[①]

高校体育课程思政建设，在指导纲要实施两年来，从统筹规划、示范引领、师资建设、理论研究等方面扎实推进，取得阶段性成果。随着我国社会发展的新征程，对高质量的体育教育体系提出了更高要求。然而，高校体育课程思政建设，仍然存在一定的问题，如体育课程思政建设落实路径的问题，仍需深入探讨。

基于目前体育课程思政建设实践经验，浅析体育课程思政建设的观点，并提出根据项目的不同体育课程思政建设也有差异性。

1.体育课程思政建设中，课程目标融入方面：习近平总书记的重要论述，深刻回答了我国教育举什么旗、走什么路、育什么人的根本问题，彰显了党在发展社会主义教育问题上的根本立场，指明了新时代建设教育强国必须牢牢把握的前进方向，这个前进方向就是体育课程目标制定的基本

---

① 郑鸣九.课程思政与思政课程如何深度协同[N].中国教育报，2022-05-30：006.

框架。体育课程思政建设中，体育课程思政建设必须明确为党育人、为国育才的根本目标。在关注学生的体育专业素养的同时，同时注意培养学生的人文底蕴与责任担当的。在教学目标上除了对技术动作标准化要求，重视体育人文价值，精神内涵和育人功能。

2.在体育课程内容方面：体育教学资源与思政教学资源有效融合，寻求差异化中内在的一致性。在教学内容设计上，除了动作技术的讲解示范，更要增加技术运用过程中品格的培养，德义的展现；在大纲和教学进度中，融入思政元素，产生"1+1大于2"的协同效应。在教案和组织方式中，坚持思政育人和技能学习双轨制，体现德技并重，设计上由之前学生的被动接受到主动思考，使学生参与思考，实现技能掌握与情感、行为的同步发展。具体到课堂教学中，采用多种教学形式，通过大会骨干带头、党员模范、教师引导、团队合作等方式使学生在学习过程中积极发挥主观能动性，融入品德培养、意识锻炼、团队协作、创先争优等思想政治教育，使得思政与课堂教学融合互动，在潜移默化中实现德育的提升。

3.在体育教学评价中：在考核评价中，从传统的技术考试+平时成绩的模式中拓展更多评价维度，多角度展现思想，全面展示综合素质。如拼搏奋进+团队合作+互帮互助+课程学习（个人成长档案，过程评价）+技术考试、展示+讲解示范等综合评价。实现实现教育效果最大化，强化"德育评分"在课程效果评价中的地位。让德育学分要渗透到具体的课程中，从课堂秩序、诚信考试等、课堂表现、竞赛参与、公益活动等整体进行设计，明确每一项内容所指向的具体目标，并占有不能低于30%的权重，甚至可以采用德育"一票否决"的评价模式。

不同的运动项目在课程思政中的具体体现也不一样：例如小球类项目

的课程思政建设。小球类运动项目也是我国体育运动中的优势项目，如乒乓球。这类项目属于团体类项目，讲求团队配合，要求队员间信任、默契等，在教学中可以培养学生的团队精神、良好的人际交往能力；灵敏的反应能力和社会适应能力；学会接纳、信任和融入的积极心态；准守规则、公平竞争与合作意识；民族自豪感、爱国主义等大局观。

操舞类课的思政建设，这类课程属于难美类运动项目，有协调和耐力力量类两大运动要求。因此，在对学生思政方面的培养上，主要集中在以下两个方面。

1.勇于尝试、敢于突破、善与创新为主题

将动作套路展示的创编权交于学生，鼓励学生以小组为单位在教师教授已有的动作技术上大胆创新，善于改编、创编展示作品，以此来提升学生对难美类项目的积极主动参与意识，激发学生的创新创造欲望，培养团队意识，互帮互助意识，审美意识等。

2.坚定信念、不言放弃、超越自我等元素的思政主题

对于力量、耐力性（耐力和力量）运动项目，学生主动性参与较低，原因在于这类项目较为枯燥乏味，对体能要求较高，是对学生意志力与体力的双重考验，令很多学生望而却步。我们需要增加训练的趣味性、游戏性等，以及小组赛常规化等手段，让学生体会到自己的进步，提升学生参与训练的积极性。

高校体育课程思政建设，是一个不断革新、不断优化的建设过程，促进体育课程更好的服务育人功能，也是值得每位高校体育教学工作者认真研究的课题。

第二章

信息科技在高校体育教学中的应用

在时代发展、科技进步之下，教育大环境发生了翻天覆地的变化。最近教育2.0的实施，说明对教育数字化的重视。现代的教育对象，是生长在信息科技迅猛发展的环境中，可以说是信息科技的原住民，他们的学习习惯更加智能化，获取知识的渠道更多元化，知识更新迭代的速度更迅速，接受新事物的能力也更强。那么传统的教学，无论从教学目标，还是教学内容、教学方式上都很难满足学生的整体发展和个性化需求。教育的大变革时代已经来临，线上线下教学模式的出现与融合，慕课、短视频课堂、智能设备对教学环境、教学资源的虚拟等都在尝试对原有的教学进行创新与迭代，以达到教育效果的最大化。以下从学生参与运动的状况调查、高校互联网体育教学的实践调查，以及智能设备在改善体育教学环境中的应用报告中，来探讨信息科技在高校体育教学改革中扮演的角色和发展方向。

第一节　大学生居家锻炼状况

一、前言

　　疫情防控期间，居家办公，居家学习成为常态，而居家锻炼也成为大众最主要的锻炼方式。国家体育总局印发"关于大力推广居家科学健身方法的通知"（简称《通知》），《通知》从居家锻炼方法，锻炼知识等方面给出三点建议，提倡居家锻炼的简单易行、科学有效、群众喜好、科学广泛推广与宣传[①]。在国家卫生健康委宣传司的指导下，中国健康教育中心组织专家编写《新型冠状病毒感染的肺炎健康教育手册》中，倡导疫情期间以个人居家锻炼为主，每周运动3次以上，累计运动总时长在150分钟以上[②]。教育部党组《关于统筹做好教育系统新冠肺炎疫情防控和教育改革发展工作的通知》中，大中小学疫情期间的教学工作给予指示，倡导"停课不停教，停课不停学"，充分利用网络资源进行教学。并关

---

　　① 国家体育总局. 国家体育总局办公厅关于大力推广居家科学健身方法的通知[EB/OL]. http：//www.sport.gov.cn/n4/n15204/n15205/c941798/content.html.2020-1-30.
　　② 中国健康教育中心组织编写. 新型冠状病毒肺炎健康教育手册[M]. 北京：人民卫生出版社，2020.

心学生身心健康，引导学生加强体育锻炼①。疫情期间，各高校体育课利用网络平台开展体育教学、布置居家体育锻炼作业、推送居家体育锻炼方法、监管学生健身打卡等，保证疫情期间，学生身体锻炼技能的学习，增强学生体质，确保学生身心健康。但居家锻炼，以个人进行为主，对于大学生这个群体，也会出现许多问题，如锻炼计划实施的随意性变强，容易放弃；教师精准了解学生实际技术掌握的情况变得困难；课堂上师生之间、同学之间的精确沟通成本变大等影响居家锻炼与学习进行。我国对居家体育锻炼的研究起步晚，相关研究侧重于身体功能恢复，主要是脚踝关节、膝关节、髋关节、腰椎、肩颈、手腕等损伤康复，对于健康人员的居家锻炼研究较少②。

因此，需要对大学生居家锻炼情况进行调查，了解实际居家锻炼出现的问题，找出原因，提出改进方案，使居家锻炼更好地促进大学生的身心健康，更好地贯彻终身体育的理念。

二、研究对象与方法

通过对疫情期间，各高校开展网络教学的体育教师的访问，收集了大学生居家锻炼中遇到的困难和问题，参考相关文献资料，经过专家的审核，形成初始问卷，并对问卷进行测试分析与检验，形成最终的调查问卷，利用此问卷对北京市三所高校，630名大学生，进行调查。

---

① 人卫智网. 医学教育、学术、考试、健康，购书智慧智能综合服务平台. www. ipmph.com.

② 人卫官网. 人卫官方资讯发布平台. www.pmph.com.

三、结果与分析

（一）每周居家锻炼的次数与时间

从调查结果可以看出，大学生每周锻炼的次数状况：60.32%同学会安排每周三次及以上的锻炼；62.1%的同学每次锻炼一个小时及以上；有规律有计划的参与运动的学生占52.38%。说明疫情期间大学生，虽然没有达到每天锻炼一小时的要求，但超过一半多的同学有规律的参与运动，运动安排相对科学。因此，对于大学生的身体锻炼，我们还是需要加大宣传与监督，使运动如一日三餐一样成为大学生生活中不可或缺的一部分。

表2-1　每周运动次数与时间

项目	每周三次以上	每次锻炼一个小时及以上	有规律的参与运动
所占比例	60.32%	62.1%	52.38%

（二）居家锻炼的项目

从调查结果可以看出，大学生疫情期间，居家锻炼排在前三的项目分别是室内力量训练39.68%、快走38.1%、室外慢跑36.51%。这三个运动项目都是简单易操作类运动项目，在疫情期间，可以达到运动健身的目的。虽然体育运动项目繁多，但在疫情防控期间，场地设施降低，运动空间受限，有些运动项目的很难进行，更不用说提高相关运动技术，如一些集体项目（篮、排、足等）、对抗性的运动项目（乒乓球、羽毛球等）由于参与人员受限而很难开展等。因此，这些球类项目、水上项目等集体项目等受到影响。造成一些同学不得不临时改变健身项目，以维持体能素质。例如之前去健身房撸铁，改为居家自重力量训练等。因此，疫情的居家锻炼，提高了大学生健身的随机应变能力，根据周围条件制定合适的健身计划，让运动习惯持续下去，保持良好的身体素质。

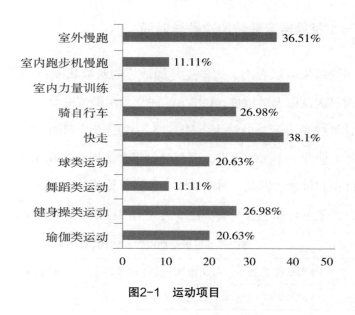

图2-1　运动项目

（三）居家锻炼的目的

从图2-2中可以看出大学生运动的目的，排在前三位的分别是：减肥60.32%、塑性58.73%、提高身体免疫力52.38%。从结果来看减肥、塑形、提高身体免疫力在疫情期间大学生居家运动的目的中几乎处于同样重要的地位。疫情之前，大学生参与运动的目的很多是为了减肥和塑形，而疫情之后，增强体质，提高战胜疫情的能力在大学生运动的目的中占有非常重要的地位。这反映了疫情爆发后，人们对运动在提高身体健康方面有了更直接的认知。提高身体免疫力，运动不可或缺，因此，居家身体锻炼是大学生积极应对新冠疫情的一种方式。

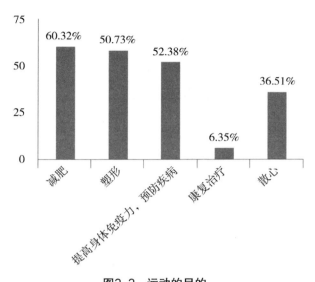

图2-2　运动的目的

（四）大学生居家锻炼的途径

从调查结果可以看出，大学生居家锻炼的途径，排在前三位的分别是：学校体育课76.19%、社会网络媒体资料57.14%、家长要求18.97%。作为学习系统、监督考核系统等都比较完善的学校体育课，在大学生居家锻炼中占据非常大的一部分。疫情期间，大多数高校体育教学，都在线上进行，或者线下和线上结合进行。微信、腾讯视频会议、雨课堂、网络直播等软件进入体育课堂中，以更好地完成对大学生体育技术的传授，运动量的监督，健身指导与纠正。社会网络资源包括各种运动App，如keep、fit time等，体育视频号和运动锻炼直播等，这些网络媒体的可移动性、随时性、可碎片化性等使得居家锻炼起来更加便捷，更易操作。虽然这些网络媒体有时会出现广告较多，运动效果过大宣传等缺点，但是在互联网急速普及的时代，人们的时间碎片化，工作云端化等趋势下，这些移动便携的资源依然受到大学生的喜爱。尤其在疫情期间，运动器械、运动空间、运动氛围受限的情况下，社会网络资源给运动增添了新元素，让大学生居家运动更易进行。家庭作为影响孩子成长的重要因素，在大学生居家锻炼中的作用不容忽视。如果家长对孩子居家锻炼有一定安排，如每天的运动打卡要求、与孩子有共同运动爱好，并与孩子一起锻炼，对孩子锻炼时遇到的问题能给予专业科学的指导、对大学生居家锻炼行为给予鼓励、对孩子居家锻炼提供相应的物质条件，这些对孩子居家锻炼有着非常正面的影响，积极地督促大学生居家运动的进行。

表2-2　大学生居家锻炼的途径

	是	否
学校体育课	76.19%	23.71%
网络视频	57.14%	42.86%
家长要求	18.97%	81.03%

（五）大学生对居家锻炼的认知调查

调查结果显示，几乎所有的同学都认为，运动可以提高我们的生活质量（占96.83%）；并且规律的运动可以增加我们战胜疾病和疫情的信心（占90.48%）；另外，调查中发现，学生们认为运动可以让自己活力满满（93.65%）；可以获得战胜自我的喜悦（71.43%）；运动可以让自己对未来充满信心（71.43%）；运动可以提高学习效率（61.9%），说明大学生从观念上十分认可运动在身心健康中起着非常重要的作用，运动是保障大学生拥有高质量生活的一个必要措施，并从主观上赋予运动更深层的意义。

表2-3　运动对身心的影响

	是	否
运动可以提高我们的生活质量	96.83%	3.17%
运动可以增加我们战胜疾病和疫情的信心	90.48%	9.52%

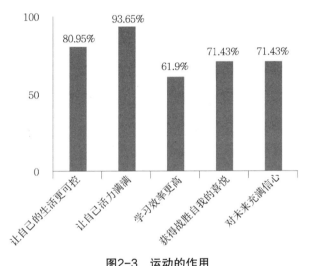

图2-3　运动的作用

综合调查结果可以发现，大学生实际锻炼状况与认知方面有一定差异。没有达到知行合一的要求。因此，需要了解影响大学生居家锻炼行为因素，促使大学生更好地进行居家锻炼。

四、影响大学生疫情期间居家锻炼的因素

对大学生居家体育锻炼影响因素的调查中，发现排在前三位的内在因素分别是：增强体质77.50%、调节心理74.99%、减脂塑形71.80%；外在因素分别依次是：学校体育课81.03%、场地设施66.19%、运动知识与技

能64.77%、家长要求55.84%、身体不适18.89%等。

从疫情期间大学生居家锻炼的目的排序中，可以发现增强体质、调节心理排在了减脂塑形的前面，说明疫情期间大学生对增强身体免疫力和纾解心情的重视。在疫情期间，大学生切身感触到，病毒对身体的威胁，活动空间受限对心理带来的负面影响等，大学生希望通过居家锻炼来提高身体免疫力对抗病毒、调节心情。因此，在设计教学内容时，可以参考大学生的运动目的，以便更好地对大学生居家体育锻炼行为实现精准指导。

疫情期间，外在因素是阻碍大学生居家体育锻炼的主要因素，学校体育课在大学生居家锻炼中依然扮演着非常重要的作用。学校体育课相比其他形式，拥完整的实施过程，从内容设计到学习监督、再到内容考核等，能够确保大学生居家锻炼的效果。对于场地设施和运动技能的有限性，在体育教学中应该增加简易便捷的运动知识和技能，降低对场地设施的依赖，推广那些场地设施需求较低、运动噪声较小的运动项目，以利于大学生居家体育锻炼的进行。另有研究表明，家庭体育锻炼行为具有明显的代际传递效应，父母与子女间的锻炼行为具有较强的代际互动关系[①]。说明家庭运动氛围，对子女居家体育锻炼有着正面的影响。家庭成员间的运动，不仅可以提高子女运动的积极性，也可以养成和谐的家庭环境。

作为青少年，很容易受外界的影响，因此需要家长和老师对大学生的居家锻炼给予正确的引导。大学生处于刚独立阶段，对运动的执行力还没有完全建立起来，运动习惯不牢固，很容易动摇，因此，需要社会、学校和家庭发挥各自作用，共同努力加强和巩固大学生的运动行为，使其养成终身锻炼的习惯。

---

① 王富百慧，王梅，张彦峰等. 中国家庭体育锻炼行为特点及代际互动关系研究[J]. 体育科学，2016，36（11）：31—38.

表2-4 影响大学生居家运动的因素

	是	否
场地设施	66.19%	34.71%
学校体育课	81.03%	18.97%
家长要求	55.84%	44.16%
心理调节	74.99%	25.01%
体型管理	71.80%	28.20%
增强体质	77.50%	22.50%
运动技能	64.77%	35.23%
身体不适	18.89%	81.11%

五、结论与建议

（一）结论

疫情期间，60.23%的大学生每周锻炼三次以上，每次锻炼至少一个小时，没有达到每人每天锻炼一小时的要求，与大学生对体育锻炼价值的认知也有一定差异；室内力量训练、快走、慢跑为疫情期间大学生主要的居家运动项目；增强体质、调节心理和减脂塑形为大学生居家锻炼的主要目的。

学校体育线上课程，网络媒体、运动App软件以及体育公众号，家庭运动要求是大学生居家锻炼的主要途径，也是影响大学生居家锻炼认知的主要载体。

影响大学生居家锻炼的因素：内在因素主要是大学生居家锻炼的动机（减脂塑形、增强体质、调节心情）；外在因素主要有学校体育课、运动场地设施和运动技能掌握情况、家长的要求等。

（二）建议

这次疫情加深了大学生对运动的重视，如体育对增强体质，预防疾病，战胜疾病等作用，从而为大学生积极地参与运动种下种子，促进让运动成为生活方式的一部分。虽然没有达到每天运动一小时的要求，但是他们拥有良好的运动观念、强大的应变能力，懂得运用各种条件来维护自身的健康，我们应该给予他们更多的鼓励和肯定，创造更多的条件来让他们展示自我，接触丰富多彩的运动项目，体验运动的快乐和好处。这样才能真正让他们终身受益于运动。因此，为更好地促进大学生居家锻炼提供几点建议。

1.规范社会网络体育媒体的宣传内容，创建良好的发展机制

提高社会网络媒体运动内容的规范性和实用性，提供专业的、科学的锻炼解读，重视锻炼中安全事项的说明，防止因利益追求，出现一些夸大的，误导的宣传，充分发挥社会媒体、网络视频、运动App与公众号等知识普及和健身的指导作用，让这些移动的、便捷的资源，更好地指导学生的身体锻炼。另外，这些社会网络媒体要重视对大学生这类群体使用现状的调查，以便及时有效地解决使用中出现的问题的，使之内容更加贴合顾客需要，受到大学生群体的认可。使社会网络运动媒体与居家锻炼需求的大学生之间相互促进，相互成就，健康长远发展。

2.紧跟时代发展，创新学校体育课程模式

网络视频的普及与迅速发展，使之学校中的体育教学必然做出相应的变化。因此，视频指导、网络教学等将参与到体育课程中去。学校体育课程应该建立多个教学方案，线上教学、线下教学以及混合式教学等。教师

根据实际需求，选用不同的教学方案，因时施教，充分利用现有资源，以学生为中心，结合学生运动目的与动机，设计学生喜欢操作性强的教学方案，使教学效果最大化，同时发挥学校体育教学在大学生居家体育锻炼中的主导作用。

3.提高家庭运动理念

良好的家庭运动习惯，不仅影响孩子的健身理念，也是改善亲子关系和建立良好的家庭沟通氛围，形成和谐家庭环境的一种方式。

共同参与运动的人员，会影响运动参与的积极性，并对运动的坚持，起到一定的激励和督促作用。居家锻炼，父母将成为大学生居家运动的督促者、队友、教练员。督促者基本是父母，对大学生的身体锻炼提出一定要求，比如完成相应运动打卡等作业，一般大学生是被动完成；队友，是父母与大学生一起进行运动，这个角色对父母所拥有的相关运动项目知识、技术水平以及体能素质有较高要求，但锻炼效果最佳；教练员，是对大学生在运动时进行专业指导，这要求家长具有相关运动技术的教学水平。

父母要办好这三个角色，让居家锻炼效果最大化。因此，父母可以提高自己的运动水平，争取与孩子有共同的运动项目；提高自己的健身知识和运动技术，尤其是孩子喜欢的运动项目，在孩子需要时可以给予科学、专业的指导；父母尽最大努力，提供最佳的锻炼空间和条件，例如准备一些必要的健身器械等，并对于孩子的运动效果及时给予反馈和鼓励。

充分发挥社会、学校、家庭在提高大学生居家运动效果的作用，促进大学生形成良好的居家体育锻炼习惯，为实现终身运动目标打下坚固的基础。

第二节　高校互联网体育教学调查

一、教育大环境的变化

（一）从政策上分析

教育部门：2016年6月7日，教育部印发关于《教育信息化"十三五"规划》的通知；2018年4月13日，教育部印发关于《教育信息化2.0行动计划》的通知；2019年7月15日，教育部网站发布了《教育部等六部门发布《关于规范校外线上培训的实施意见》，2023年2月23日，中共中央、国务院印发了《中国教育现代化2035》，并发出通知，要求各地区各部门结合实际认真贯彻落实等。

（二）从线上教育的角度来分析

截至2020年3月，我国在线教育用户规模达4.23亿，较2018年年底增长110.2%，占网民整体的46.8%。尤其是2020年，全国大中小学校推迟开学，2.65亿在校生普遍转向线上课程；全国在线开学的普通高校共计1454所，95万余名教师开设94.2万门713.3万门次在线课程，参加在线课程学习的学生达11.8亿人次。

因此，网络教学，线上教学时代已然来临。互联网教育、超大规模的在线教育就是未来教学的主要形态。宏观上我们要构建网络化、数字化、个性化、终身化的教育体系，建设"人人皆学、处处能学、时时可学"的学习型社会。

二、大学体育教学中存在的问题

体育教学作为高等教育的重要组成部分，是培养学生全面发展、高校体育的主要渠道，其现状已不能满足当今社会的发展需要。随着改革的不断深化，大学体育取得了比以往更大的发展空间，但同时学校体育内涵和外延的不断拓展和丰富群众体育的逐步普及、竞技体育的快速发展对高校体育教学提出了更高的要求。

（一）大学体育教学模式的滞后

大学体育教学目前的模式是体育教师主宰课堂，以运动技能为中心，以教师为中心。这种教学法强调以传授体育知识和运动技能为中心，以增强学生体质为主要任务。体育教师主宰了教学内容，教学方式，淡化了学生的地位，缺乏对学生独立性、自主性、创造性等能力的培养。

（二）大学体育功能的弱化

提高大学生身体健康水平是大学体育的重要功能，效果却令人堪忧。国家体育总局公布的2017年全国大学生体质健康调查结果显示，大学生体质呈下降趋势。另外，青少年在大学阶段，德、智、体有很强的可塑性。体育在强健体魄、健全心理等方面有着其独特的作用。例如，体育赛事是学生体验爱国主义、集体主义、民族精神、民族文化的一条重要途径；体育锻炼在学生发展自己努力拼搏，吃苦耐劳、战胜自我等能力中有着天然的优势，因此，学校体育是我国各个大学非常重要的一门基础课程，我们要充分发挥大学体育功能，创建更加健康生动的校园文化。

（三）大学体育教学内容陈旧

大学生是一个潮气蓬勃，活泼爱动的群体，体育课程应该是最受欢迎与喜爱的课程。但事实并非如此。原因如下：

（1）教材内容设置缺乏科学性、适应性和有效性。

（2）运动技术教学在当前大学体育教学中占据主导地位。运动技能的传授一直是至高无上的，忽视了学生身心发展的特点和个体差异，许多高难度、技术复杂、容易造成过度疲劳，产生厌烦心理。

（3）基础课程教学中忽视培养学生的健身意识、健身能力和运动习惯。使得大学体育与社会体育脱节，学生毕业后走上工作岗位就把运动搁置。

（4）教学要求和评价标太统一，使得大部分学生在运动过程中得不到快乐的体验，打击他们参与运动的积极性。

三、线上体育教学实践调查

2020年的疫情，使得教育行业线上教学得以大面积落地实施。高校体育教学也一样。传统的线下体育教学因其良好的面对面沟通环境，团队的氛围性，运动空间的鼓舞性，纠错的时效性，师生之间的近距离沟通的高效性等，那在线上体育教学怎样得以弥补，线上体育课程到底成效如何？

会对后疫情时代的体育教学有什么改良？同时对线上体育教学更深入的了解，期望对高校教学改革，后疫情时代的体育教学和紧急防控等给出一定的实践经验和指导意见。我们对北京市三所高校，630名大学生，进行了问卷调查。调查结果分析如下：

（一）线上体育课便于体育理论知识的普及

从调查的结果可以看出，认为线上体育可以了解更多体育理论知识的占80.95%；线上体育可以获得更多锻炼知识的占95.24%；线上体育课可以解决许多锻炼中的疑问占82.57%；线上体育理论课可以让自己更加积极主动的锻炼身体占85.71%。线上体育课可以让自己更重视身体锻炼的占92.06%。说明线上体育，理论知识可以得到很好的普及与提高。

表2-5　线上与线下体育课引导作用调查结果

	线上体育课	传统线下体育课
体育理论知识的普及	80.95%	19.05%
锻炼知识的普及	95.24%	4.76%
锻炼中疑问的解决	82.57%	17.43%
锻炼主动性的引导作用	92.06%	7.94%
重视身体锻炼的引导作用	92.06%	7.94%

学生的体育理论知识的普及大部分靠体育老师以及家长的言传身教。但是由于体育课时间少，体育课的大部分时间都用来安排运动训练，体育理论知识的普及被忽视。家长也是以带孩子运动训练为主，很少给孩子讲授体育理论知识。因此，造成青少年相关的体育理论知识比较缺乏，但体育理论知识在塑造青少年正确体育观中起到非常重要的作用。只有获得了

正确的体育理论知识，学生才可以主动去锻炼，科学去运动，养成长期运动的好习惯。

线上体育课，是体育理论知识普及的一个好平台。通过互联网教学软件和硬件，我们可以把体育理论知识，绘声绘色地讲给青少年，结合他们正在关注或者正要解决的问题，比如运动与健康饮食的关系，居家锻炼问题，减肥塑形问题，运动损伤康复锻炼问题等，吸引青少年的注意力，调动青少年对体育理论知识了解的兴趣。总之，线上体育课，通过理论知识的普及可以从观念上让青少年爱上运动。

（二）疫情期间体育课是青少年身体锻炼的重要部分，起到督促锻炼的作用

从调查结果可以看出，认为疫情期间体育课非常重要的占82.54%；认为疫情期间，线上体育课可以自己有规律的运动占88.89%，这说明，疫情期间，线上体育课开展的重要性。

表2-6　线上与线下体育课重要性调查结果

体育课	是	否
线上体育课非常重要	82.54%	17.46%
线上体育课可以保障自己有规律的运动	88.89%	11.11%

青少年是各种习惯养成的关键时期，需要教师和家长的监督与正确引导。那么，怎样在疫情期间做到"停课，不停学""停课，不停练"呢？线上体育教学可以解决这个问题。因此，在疫情期间大部分学校都进行了线上体育教学。利用互联网资源，使教学活动正常进行。由于疫情期间，

活动场所受限，那么线上体育课的开展可以使青少年规律运动，提高身体素质、增强身体免疫力；通过线上体育课普及体育知识、教授锻炼技能、布置运动作业、监督锻炼效果等，不仅保障了学生在特殊时期的锻炼任务，同时为学生坚持终身运动打下了实践和理论基础。因此，线上体育课在疫情期间，是增强体质、预防疾病的一剂"良药"。

（三）线上体育课师生之间相互的交流与沟通状况

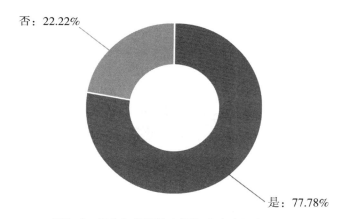

否：22.22%

是：77.78%

图2-4　线上与线下体育课师生交流调查结果

调查结果显示，线上体育课师生有更多互动和交流的占77.78%，说明线上体育课师生之间的交流沟通状况良好。调查期间，线上体育课使用的教学软件以视频为主，基本可以达到师生之间面对面交流的要求。除此，之外教师们还利用了雨课堂，微信等软件，以满足不同教学需求，建立班级微信群，微信运动打卡作业，技术动作练习视频等，随时进行教学问题沟通。在传统教学中，学生课下锻炼的时间是不受控的。因此，线上体育课拓展了体育课实际的上课时长。

（四）网络设施会极大地影响线上体育课的上课效果

调查结果显示，网络问题可以使线上体育课效果变差占85.71%。说明网络好坏，将直接影响到上课效果。线上体育课弱化了场地设施的要求，转而对网络设施和网络信号要求提高了。因此，进行线上体育课的教学，网络设施必须要具备以下条件：第一，至少有一部手机或者电脑，有条件的还可以准备专业摄像机，耳机和耳麦等；第二，所在环境网络信号要强。在疫情期间，全国大部分学校都进行线上教学，前两周的教学，由于网络严重拥堵，造成教学很难进行，严重了影响了教学质量，网络问题解决以后，教学工作很快步入正轨。

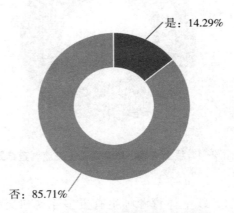

是：14.29%

否：85.71%

图2-5 线上体育课网络影响调查结果

（五）疫情期间，线上体育课获得了学生的好评

调查结果显示，线上体育课比自己安排锻炼效果好的占80.95%；线上体育课比各种运动App锻炼效果好的占79.34%；喜欢线上体育课的占84.13%。说明，疫情期间学生对线上体育课给予了很大的认可。在疫情期间，线上体育课是师生锻炼交流的一次机会。学生们一起锻炼，相互鼓

励和监督，增加了师生之间沟通，不仅联络了感情，对战胜疫情，克服眼前问题和矛盾，起到了积极的作用。

表2-7　线上体育课锻炼效果调查结果

	是	否
线上体育课比自己安排锻炼效果好	80.95%	19.05%
线上体育课比各种运动App锻炼效果好	79.34%	20.66%
喜欢线上体育课	84.13%	15.87%

四、结论与建议

从调查的结果可以看出线上体育课的优势：

1.线上体育课中，学生的参与性高，上课的积极性较好。

2.线上体育课，便于运动知识的普及。线上体育课可以很好地对学生进行体育相关知识的科普，使学生对体育有一个更深刻的了解，更加积极主动地参与运动，指导运动，以养成终身运动的好习惯。

3.线上体育课，可以很好地利用网络上优质的视频资源，拓展了学生的学习途径。运动视频的回放使得学习时间更加灵活，技术练习时间得以拓展，复习巩固与提高上更具持续性。弥补了教师自身资源的局限性，让课程最优化。

开展线上体育课教学课程需要进行前期调研，课程目标分析，课程内容规划、选择、组织与设计，课程活动设计，课程评价设计等。一个好的线上教学离不开，精心的教学设计、丰富的教学资源、学生乐于完成的作业、成熟的网络平台，还有教师的道德情操、专业水平、教学能力、数据素养等，因此，对于线上体育课开展，希望做好以下几方面：

（一）在教学设计中要做到

1.以"教"为中心向"学"为中心转变，让学生多参与课上内容的组织与设计，帮助学生形成"做中学+帮中学+评中学"学习模式。

2.促进学生由"被动运动"转向"主动运动"，培养学生自主运动能力，促使学生自主构建运动知识体系（通过锻炼知识，相关运动历史知识等体育理论的知识激发学生主动运动的意识）。

3.提高学生运动实践能力运动素养和运动创新意识（如自创运动练习场地和器材）。

（二）在课程进行中要注意

1.多种网络设施互补利用，微信，腾讯会议，雨课堂等。

2.师生答疑，增加沟通与问题解决。

3.把一部分时间交给学生主持，督促学生养成使用多媒体搜集学习资料。

4.作业多与学生的生活连接。

5.多鼓励少批评，同学间相互指导纠正，多给弥补机会。

（三）在课程考核中，要注意考核方式多样化

例如：1.在线考勤（网络平台记录）；2.任务成果展示视频资料，动作技术完成视频打卡，录制的视频作业，运动打卡作业等；3.参与课程组织任务完成状况（网络平台记录，如一些设计文案、视频资料等）；4.考核过程全程化，在线测试，网络平台记录和教师记录；5.及时披露成绩，并允许重来一遍。

第三节　智能设备在高校体育教学中的应用

一、教育数字化的大环境

21世纪以来，我国的互联网经济发展势头愈发迅猛，尤其是2010年以来，随着云技术的发展，以及5G技术的普及，基于互联网的O2O服务型经济已走入千家万户，线上购物、生活买菜、商务参会、AI学习，以及由线上指导逐步吸引用户转移到线下体验门店的运动健身品牌，逐步改变了人们的生活习惯①。

据工信部统计数据显示，截至2020年12月，我国网民规模达9.89亿，较2020年3月增长8540万，互联网普及率达70.4%。2020年，蜂窝物联网终端用户达到11.36亿，移动互联网接入流量达到了1656亿GB。

在互联网+产业助力下，智能健身也能突破空间、地域、时间的限制，充分利用资源，运动健身人群可以随时随地享受相关的指导与服务，利于运动健身资源的利用，缓解了传统运动健身场所投入大等问题。例如疫情期间许多人使用健身APP进行有计划的居家健身。

在《教育信息化2.0行动计划》《新一代人工智能发展规划》等文

---

① 林崇德. 中国学生核心素养研究[J]. 心理与行为研究，2017，15（2）：145—154.

件的落地，以AR、VR、MR为代表的新一代信息技术与教育逐步融合，并且深入课堂教学。智能健身是以体验式学习理论、情景式学习理论为基础，将复杂的动作，通过多维的直观互动方式，叠加在现实的教学环境中，支持开展"以学生为中心"的情景式、沉浸式、探究式学习。

智能设备所带来的云计算、物联网、大数据等新技术与体育运动的有机融合，将有助于提高高校体育教学效率最优化，也有助于创新高校体育新模式，更好地满足大学生的多样化体育运动需求。

二、智能设备运用到高校体育教学中的优点

1.提高学生的学习兴趣和专注力。AR、VR技术既生动又有趣，体验又方便，能充分激发学生学习的兴趣，提高学习的专注力，促进健康运动习惯的养成。

2.提高学习效率，通过AR、VR技术呈现将复杂的枯燥的训练通过生动、直观、形象的方式呈现出来，帮助学生理解和记忆，使老师纠正的轻松，学生学习的开心。

3.突破教学的时空限制，通过技术可以在课堂上创设各种学习情境，打破物理空间的限制，让学生在课堂上就能探索更广阔的世界，掌握更丰富技能。

4.创设教学条件，在学校基础设施比较匮乏下，利用技术，创设运动环境，让学生随时随地进行锻炼，技术把传统锻炼场地进行的项目项目呈现出来，提高了场地利用率。

5.异地协同，课堂新形态。随着5G技术的发展，借助这种先进设备，未来分散在不同地点的学生也可以轻松协作，提高同团协作，不只是聚在

一起才可以完成任务。轻松协作，仿佛同在一个教室里。

　　随着网络的不断发展与成熟，这些智能技术与教育信息化结合将会更加深入，让我们一起努力让这些智能技术变革我们的课堂心态，让课堂更精彩、更高效。

第四节　智能光影律动
融合健身艺术课程的创新实践报告

在教育信息化时代背景下，高校体育教学实践创新研究与实践教学水平发展不平衡，教学内容陈旧，教学方式方法相对落后，不能更好地满足信息时代大学生的培养需求，师资保障待完善，运动环境待优化等问题。基于本人和团队在2018—2022学年，利用智能光影律动沉浸式教学设备，优化重置了课程内容、创新教学环境，拓展考核体系，实现在虚拟教学环境下体验运动的乐趣，调动学生的参与课程的积极性，明显提升教学效果，现将具体教学创新成果报告如下。

一、健身艺术课创新实践的背景及解决的问题

大学体育教育是我国高等教育的重要组成部分，是本科教育阶段必修的公共基础课程，在学校人才培养方面起到重要的支撑作用。传统的体育教学方式以教师教，学生学为主。注重运动技能的学习，教师示范，学生模仿。在数字化高速发展的今天，体育教学存在如下问题：

1.无论是体育课上还是业余时间大学生参与运动的积极性不高，大多以完成任务为主，无法享受到运动带来的乐趣和运动达到的效果。

2.疫情当下，线上体育课存在，运动场地器材等硬件条件受限，老师的教学要点传达打折扣，学生的自律性差等问题，使得教学效果

无法保证。

3.无法有效监测每一个学生的运动效果，对每一位学生的运动成长状况给予及时科学的评价。无论是线上体育课还是线下体育课，学生的情况都参差不齐，每一位学生的身体素质，对运动的感兴趣程度，学习特点等都不一样，因此，课程内容的完成情况，所达到的效果也有所不同，考核方式太单一，容易打击学生运的积极性。怎样设置合理的科学的多元的评价办法，保证绝大多数学生，通过课程达到运动效果，懂运动，会运动，是高校体育课一直以来真正的课题。

4.随着学生对运动需求的提高，学校师资和场地资源也相对匮乏，有的是场馆陈旧，限制了新项目的开设。

二、教学创新成果

在《教育信息化2.0行动计划》《新一代人工智能发展规划》推动下，学校各项政策的支持下，体育课程的教学创新一直走在前列。2016年体美部引进沉浸式智能健身设备，把信息技术与体育课程逐步融合。智能光影律动融合健身艺术教学实践，在现实的教学环境中，开展"以学生为中心"的情景式、沉浸式、探究式学习，提高了学生的兴趣、场地利用率以及学习效率。

（一）智能光影律动的体育教学创新原理

智能光影律动系统是一款数字化智能系统，可实现线上、线下联动上课。具备多媒体影音播控功能、定位功能、多人心率实时监控、显示、图表比对，软件包含行业先进的健身视频课程内容，可以解决健身课程资源有限、专业人才匮乏、健身环境枯燥乏味、健身场景单一等问题，将健身运动的反人性化变得有趣。同时提供全方位的运动实时检测，并能够通过语音、画面等方式向用户的错误动作进行实时纠正，实时反馈，以纠正用户动作，帮助用户高效运动、减少运动损伤。课实时直播教学，AI辅助教练实时了解参与者运动和身体状态，能开出相应的"运动处方"，给予专业的运动康健反馈。利用AR健身场景，可以很好地实现线上线下融合式教学。

（二）智能光影律动对教学内容的创新

智能光影律动系统，整合市面上高校教研系统和社会权威系统运动健身课程，在库课程数量有1600节，具备专业性和趣味性，给课程内容合理重置以及实施提供了保障。

健身艺术课是面向全校大一新生开设的必修课，是大学体育的开端，也是后期单项体育项目的基础。开设的目的，一是为了学生们全面的了解自己的身体素质现状，二是为了后期专项运动的开设打下良好的身体基础。在部门老师努力下对健身艺术内容进行了研究和重组。在30—32学时里，这门课内容要涉及运动时所需要的最基本能力，最终以形体、健身体适能、健美操三部内容为主，以及学生关注的体测项目（田径类项目、多结合游戏性的运动，多在学生相互配合之下完成，增加训练的趣味性）等为课程内容，来提高学生运动的基本身体素质。形体以基本的身体姿态练习为主、健身体适能大关节大肌肉力量与身体控制练习为主（健身房有器械体能训练和无器械体能训练）、健身操主要提高学生协调、柔韧、力量等身体基础素质。

（三）深挖健身艺术课隐含的思政元素

在丰富的教学内容以及先进的教学手段支持下，健身艺术隐含的思政元素才得以更好挖掘。健身艺术课内容主要由表现难美类和耐力力量类两大类运动组成，因此，在对学生德育方面的培养上，主要集中在以下两个方面。

1.勇于尝试、敢于突破，团队配合以及创新意识的培养

将动作套路展示的创编权交于学生，鼓励学生以小组为单位在教师教授已有的动作技术上大胆创新，善于改编、创编展示作品，以此来提升学生对表现难美型项目的积极主动参与意识，激发学生的创新创造欲望，培养团队意识，互帮互助意识，审美意识等。

2.坚定信念、不言放弃、超越自我等元素的思政主题

对于力量、耐力性（耐力和力量）运动项目，学生主动性参与较低，原因在于这类项目较为枯燥乏味，对体能要求较高，是对学生意志力与体力的双重考验，令很多学生望而却步。利用智能光影律动增加训练的趣味性、游戏性等，以及实时监测系统，让学生体会到自己的进步，提升成就感。

（四）教学环境的创新，虚拟教学环境为传统体育场馆赋能

通过技术，对传统体育场馆简单改造，墙面和地面融为一体，为学生提供各种虚拟锻炼场景，带来沉浸式、娱乐化的智能健身新体验。设备灵活便携，不影响场馆原有的使用功能，加大场馆的利用效率。

图2-6　设备效果

（五）考核评价的创新

考核方式的多元化，拓展增值评价。大学生不爱运动的原因，大多是因为在过往的运动中没有得到正面反馈。造成对运动的不自信，不积极。因此，课程考核方式，评价方式除了技能高低的反馈，需要拓展更优质的增值评价。

1.实时心率监测，让评价个性化。学生佩戴智能心率设备，实时监控每位学员的运动状态。老师随时掌握所有学员的心率变化，提高每位学员的运动效果，同时防止运动风险的发生；掌握所有学员历次运动表现，帮助老师科学调整教学方案；运动结束为每位学生推送运动记录，帮助学生了解、掌握自身历次运动情况，见证运动能力提升。

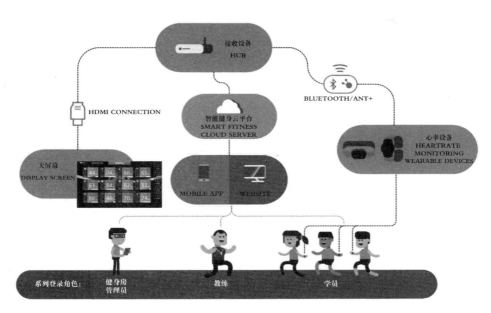

图2-7　心率监测

2.重视团队协作的评价。考试以小组的形式进行，注重团队的配合与沟通，加强学生集体意识的培养。

图2-8　成果展示

3.重视学生创新能力的培养，考试以团队成果展示为主。基本技术动作学习完，把成套动作的简单创编、队形的变化、音乐搭配等放权给学生。

4.锻炼学生自信展示自己肢体语言的心理素质，在现有条件下提供相对专业的展示平台。把考试展示当演出，有舞台、音响设备，设录像师、观众、裁判、后勤服务等席位，给学生展示自我，锻炼自我，培养自信的机会。

及时正面地反映学生各方面的能力，激励学生去参与运动，促进学生养成终身运动的习惯。

三、教学成效

在该教学创新实践中，学生取得全方位的进步。不仅了解了自己的运动水平，懂得了提高运动能力的方式方法，体会到运动的乐趣，无论目前身体素质好坏，都会积极地去参与运动，把运动作为生活方式的一部分。

1.本教学实践，将体育课程数字化，达到融合式教学创新目的，学生及老师反馈良好，有效提升了教学效率和教学体验，达到教学目的。

2.该教学实践论证了数字化赋能体育技术类课程OMO融合式教学创新的必要性和可行性，可助力学校建立数字化教学。

3.通过与虚拟老师同练，真人老师在课堂中手把手指导，通过心率带实时检测学员心率情况，动态掌握学员运动数据。课后学生可以通过手机进行复习和练习，老师布置体育作业，线上可完成作业验收，形成了完整的线上、线下体育教学体系。

四、推广价值

为了贯彻《北京市"十四五"时期教育改革和发展规划（2021—2025）》，落实《北京高等教育本科人才培养质量提升行动计划（2022—2024年）》，在后疫情时代满足学生健康需求刚需，数字化赋能体育教学，同时为了线上、线下双目标教学任务达成，建立数字化健身艺术教学平台，智能光影律动融入体育教学具有必要性，并具有以下价值：

1.课程内容标准化，提供标准化优质的课程教学指导，打破因师资等原因造成的教学不平衡。

2.教学智能化，利用技术手段使打分系统更加完善。

3.针对体育教学内容，实时更新，满足多类类型教学需求。

4.线上、线下融合式教学实现，让运动课堂互动性更强，即便学生老师不在同一空间，也可以完成运动课程教学目标。

5.教学内容创新，AR教学模式，跟视频老师进行跟练，老师专注指导，让教学更加高效。

6.数字化教学，实时监督学生运动状态，对学生运动数据统计和跟踪，以更好完成教学目标。

五、总结

本项目通过将信息技术设备与体育教学深度融合，丰富了课程内容，提高了学生的学习效率，优化了场馆的功能。在考核方式中，不仅关注运动技能的学习，更重视学生个人的纵向成长，运动的设计与动作的创编能力，以及团队合作能力，从而提高创新思维能力以及集体意识。此外，该实践符合《国家教育现代化2035》提出的智慧教育的理念，具有很强的普适性与推广价值。

　　智能光影律动融合健身艺术课程的创新实践，解决了高校体育教学遇到的同步线下、线上教学的困境。面对思维活跃的数字化时代的大学生，体育教学与现代信息技术融合，把教学创新推向新的高度。

第五节　智能设备在高校体育教学中的发展方向

随着社会科技的发展，高校教学数字化是未来高校教学发展的主要方向。在信息技术赋能教育的发展背景下，教育部颁布了《教育信息化2.0行动计划》，旨在推动信息技术与教育的深度融合。智能设备在高校体育教学中的发展，将带来新的体育教学模式的变革，因此，要重视智能体育教学模式的构建。

在人工智能时代背景下，构建智能体育教学模式，不仅可以提高教学效率、缓解教师压力、激发学生兴趣，还有助于实现体育教学的高质量、可持续发展。

一、创新教学内容

教学内容是体育教学开展的关键所在。当前体育教学内容单一，教学方式、方法陈旧等问题。《课程标准》提出，"应当充分利用现代信息技术，重视纸质教材与数字资源的优势互补"。智能设备的引进，可以优化体育教学内容、创新教学形式，可以使体育教学内容实现以问题为导向，更好地实现体育教学目标。

二、智能教学模式

智能体育教学模式，可以使教学行为突出以"学生为主"。教学行为包括教师的教与学生的学。当前的体育教学中，由于教学资源的限制，教师往往需要同时面向几十名学生教授同一内容，而学生个体间的兴趣导向、运动技能、身体机能等差异容易被忽略。现代信息技术手段的运用，可以有条件摆脱不能因材施教的困境，使教师充分适应学生的个体差异，让学生不再局限于上课所教的内容。

从教师角度来说，智能体育教学模式可以实现：

第一，充分了解学生状况：教师可根据学生的多维历史数据对每一名学生进行体育与健康"学习画像"的精准绘制。

第二，设计个性化教学内容：可根据不同的教学目的实现对教学内容的个性化组合与高效设计。

第三，教学内容的个性化实施方案基于云计算和云存储，针对预先录制的教学内容对不同学生开展不同的教学活动。

从学生角度来说，科学的了解自己的身体素质状况：利用数据分析对学生心理认知、兴趣爱好、运动技能、身体机能等进行科学评估。

获得私人订制式的锻炼指导：根据身体状况，给出合理的锻炼建议。

获得锻炼方法的渠道：利用健身数据平台，建立运动资源库，学生可以便捷地获取各类丰富的运动资源。这些教学行为的变化，不仅可以实现因材施教、学生自主学习，还可以提升教学质量，实现教学随时随地进行。

现有体育教学活动一般依托固定场所，固定时间，因而受到时间、场地的束缚。智能体育教学可以促进体育教学活动随时随地的开展，突破原有教学限制，实现教学活动的更加"自由"，更能满足师生要求。

首先，从时间来说。智能设备的利用可以把各类优质教学资源以及录制好的教学视频放在云端，教师和学生都可以随时进行教与学的活动。

其次，从场地上来说。一方面，可以自行选择上课地点，另一方面，智能设备提供的虚拟技术，使教学活动可以摆脱现实场地和器材的束缚，让学生获得"沉浸式"体验。

最后，拓展评价体系。目前评价中存在全面性不足、效率低、过程缺失、维度单一等问题。智能体育教学可以实现评价的客观性、时效性、过程性和多样性，促进体育教学更加科学的发展。通过智能传感器，可以实现学生各项运动指标的量化评价。如：各种穿戴智能设备能够实时展示学生的运动强度、运动时间、运动距离、心率等数据。大数据让过程评价不在因繁琐而无法实现，可以充分体现出学生在各个过程中的学习表现。通过数据平台，设计多维评价指标，获取学生的多维数据，实现评价多维性。

智能体育教学可以解决当下体育教学中的问题，实现体育康教学的信息化和智能化，在发挥体育教学的育人功能方面起到重要作用。

第三章

高校体育新兴项目和时尚运动项目的实践

根据高校体育教育的目的、学校对学生培养的要求以及学校师资和体育场馆资源，对学校开展的体育项目进行设置和更新。大学生是一个刚步入成人阶段的群体，他们有着这个阶段的学习特点。他们有着较强的学习能力，喜欢新事物充满好奇，喜欢尝试新技术、新方法、掌握新知识的能力比较快。对所需要学习的知识不再是简单记忆和模仿，而是需要理解知识背后科学或者哲学内涵，只要有学习的内驱力，他们就可以主动学习或者自主学习。因此，根据他们的年龄特点，利用运动项目的时尚性、娱乐性、有用性、高阶性等充分调动学生参与运动的积极性，养成运动习惯，提高身体素质。

　　根据《课程标准（2022）》显示，我国义务教育体育课程内容领域正在不断拓宽。除基本运动技能、体能等奠定学生一生身体素质的大项，新课标中的"专项运动技能"版块收录了六大类运动，分别是田径、球类、体操、水上或冰雪、中华传统体育和新兴体育。

　　其中，专项运动技能包括球类运动、田径类运动、体操类运动、水上或冰雪类运动、中华传统体育类运动、新兴体育类运动六类，每类包含若干运动项目。

　　1.田径类运动项目可分为跑（如短跑、中长跑、跨栏跑、接力跑等）、跳（如跳高、跳远等）、投掷（如推铅球、掷实心球、掷垒球等）三类。

　　2.体操类运动项目可分为两类：一类是技巧与器械体操（如支撑跳跃、技巧运动、低单杠运动等），另一类是艺术性体操（如韵律操、健美操等）。

　　3.水上运动项目可分为蛙泳、自由泳、仰泳、蝶泳等。

　　4.冰雪运动项目可分为速度滑冰、高山滑雪、冰球等。

　　5.中华传统体育类运动项目可分为武术类运动项目（如长拳、形意拳、八卦掌、中国式摔跤、太极拳、射箭、射弩等）和其他民族民间传统体育类运动项目（如舞龙、舞狮、摇旱船、跳竹竿、赛龙舟、荡秋千、抢花炮、珍珠球、毽球、墩球等）。

　　6.新兴体育类运动项目可分为生存探险类项目（如定向运动、野外生存、远足、登山、攀岩等）和时尚运动类项目（如花样跳绳、滑板、极限飞盘、跆拳道、独轮车、小轮车、飞镖等）。

目前在大学阶段还有养生拳、高尔夫、击剑、瑜伽、台球等项目，也吸引了不少大学生的喜爱。

新课标也强调，新兴体育类运动在增进学生对不同国家和地域体育文化的了解，激发学生的求知欲与探索欲、好奇心与冒险精神等方面具有独特的育人价值。其中时尚运动类项目有助于培养学生参与体育运动的兴趣，提高学生的创新意识。

随着教育的本土化与国际化发展，新型项目与传统项目的发展，我们的教学项目必然需要进行及时更新，才能应对不断变化的大环境所带来的问题，才能满足学生发展的个性化需求，才能培养出社会发展所需要的人才和可靠的接班人。

因此，在体育教学项目的选择上，首先，要突出健身性，健身性是体育教学的显著特点，是体育项目选择的重中之重；其次，注重体育教学内容的知识性，而不仅仅是一些指令性的描述。体育课上要对体育相关的科学知识讲授给学生，才能使得学生明白这些技术动作，是怎样锻炼到身体的肌肉以及内脏器官的，并让学生在实践中体验到体育的乐趣，拓展自己的心理素质和提高自己适应社会的能力。再次，体育运动项目要注重本土性和国际性的融合。保留优秀的民族传统体育项目，做好传统体育项目的传承。开展世界各民族的优秀体育项目，兼顾民族与世界特色，形成一个优势互补、功能齐全的体育教学体系。最后，体育运动项目不是一成不变的，必须根据教学资源、学生特点、外界环境变化等做出相应的调整与更新，兼顾统一性和灵活性，才能更好地促进学生身心全面发展。

现代体育教学项目，或者学生比较熟悉的项目就是三大球（篮球、排球、足球）、三小球（乒乓球、羽毛球、网球）、田径（跑、跳、投）、武术、体操、健美操、啦啦操等有一定的开展时间沉淀，无论从理论还是从技术上来说，这些项目的教学过程如教学目标，教学内容，教学方法等都相对成熟，也有相对固定的更新和迭代模式。那么对于这些新兴的、学生喜爱的体育运动项目的开展，还需要更多的探索和实践。下面我们从拓展运动、击剑、瑜伽运动的开展中探讨一些实践经验，供大家参考。

第一节 拓展运动在高校体育教学中的实践

随着社会的不断进步，对大学生的要求越来越高，在知识基础和身体素质之外，良好的心理素质、优良的团队意识更加重要。拓展训练是一种"现行后知"的体验式学习方式，它以培养合作意识与进取精神为宗旨，在体验学习、体能锻炼、毅力培养、团队协作等方面对学生素质的培养具有非常明显的效果，许多高校也把拓展训练引入了体育教学中，师生反映良好。

国际关系学院体育教研部结合教育改革，适时将拓展训练引入教学实践，收到了很好的效果，本书对拓展训练在国际关系学院的实践进行研究与调查，总结拓展训练在高校体育课程开设的经验和问题，希望对其他高校开展拓展训练提供一些借鉴。

一、研究方法和研究对象

使用问卷调查和教学实验的方法，对国际关系学院学生和体育教师开展了拓展训练的实践研究。其中发放问卷300份，回收283份，有效回收率为94.3%。

二、高校引入拓展训练的分析

（一）拓展训练的由来

拓展训练起源于英国，它的英文是"Outward Bound"。意为一艘小船驶离平静的港湾，义无反顾地驶向未知的旅程，去迎接一次次挑战。二战期间，"拓展训练"主要为军事生存训练，二战结束以后是为社会和经济领域服务的一种人本训练。训练对象也由最初的海员扩大到军人、学生、工商业人员等各类群体。训练目标也由单纯的体能、生存训练拓展到心理训练、人格训练、管理训练等。可见，拓展训练从一开始起就具有特殊的教育意义。[1]

拓展训练是体验式学习的一种，是一种在模拟或自然环境下，让学生体验经过设计的活动项目，接受个人潜力激发和团队凝聚力的挑战，并从中分享得到相关理论的一种课程。

中国的拓展训练在参照了Outword Bourd为基础发展起来的Project Adventure教育模式，有些项目在模拟自然环境的情况下，适当降低了活动风险，注重经过的体验，最终形成了中国特殊的学习体系。

（二）拓展训练引入高校的必要性

多年来由于应试教育的影响，学校教育始终把传授知识放在头等重要的位置，体育教学则过多的注重向学生传授体育运动技术、技能、知识和提高运动成绩，忽略了对学生素质的全面教育与提高。拓展训练在促进人

---

[1]　钱永健. 拓展训练（修订版）[M]. 北京：企业管理出版社，2011.

与人之间的沟通、团队建设与协作、鼓励冒险、创新等方面有着其他课程无法比拟的优势，所以，将体育课程中融入拓展这一新的元素，对培养高素质全面人才具有重要意义①。

（三）拓展训练引入高校的可行性

1.拓展训练有着丰富的国内外开展的经验可以借鉴。国外体育教学早已开设拓展教育，给我国高校体育教学引入拓展训练提供了实践经验。我国社会的拓展训练内容也很丰富，具有多样的组织形式、规范的安全保障以及合理的评价体系，这些都为拓展训练引入高校体育提供了实施的借鉴②。

2.拓展训练项目所需场地比较简单，方式灵活多变，有利于在校园开展。有些项目基本上不用器材，对体育器材的开支需求很小。比如，增强团队的凝聚力、增强大家相互信任的卧式传递项目。

3.拓展实施过程中的安全分析，根据美国专业体验培训机构（Project Adventure）的调查，拓展运动与其他运动项目比较，受伤率处于相当低的水平。只要严格按照要求操作，及时消除安全隐患，杜绝不安全行为，控制不安全因素，一定能保证拓展项目的顺利开展。

表3-1　多种运动项目每百万小时活动受伤人数统计

项目	拓展训练	负重行走	帆板运动	定向运动	篮球	足球
受伤人数	3.67	192	220	840	2650	4500

---

① 教育部. 普通学校体育课程教学指导纲要[M]. 2002.

② 刘素梅. 将拓展训练引入高校体育教学的研究[J]. 中国成人教育，2007（3）；张传新. 高校体育教学实施拓展训练模式的可行性研究[J]. 中国成人教育，2010（1）.

4.高校体育教师的综合素质普遍较高，具备组织、监控、引导和归纳能力，接受简单的培训和学习并获得资格认证之后，完全有能力胜任拓展训练的教学工作。

三、拓展训练在国际关系学院的发展规划

2011年，结合国际关系学院体育教学改革，拓展训练作为重点新增备选项目得到了教师的一致推荐。为了拓展训练更好地开展，体美部制定了拓展运动在国际关系学院发展的路线规划，采用分步循序渐进的方式将拓展运动引入体育教学。

1.对新入职的教师开展拓展培训，使他们对拓展运动形成感性认识，体会到拓展运动的优点，在后续的教学工作中为拓展运动进行宣传和支持。

2.在校级田径运动会加入拓展比赛项目，吸引有兴趣的同学和教师参加运动会比赛，扩大影响力。

3.组织体育教师参加拓展教学培训并获取拓展培训资质，为开展拓展教学建立人才基础。

4.开展拓展课程的初步实践。

5.选拔优秀学生组队，定期训练，参加高校拓展比赛，为拓展运动的发展培养骨干。

6.开设长期的拓展训练课程。

四、拓展训练在国际关系学院的实践与分析

（一）对教师的拓展训练

国际关系学院所有专业的新入职教师，均要参加入职培训，自2008年开始，在入职培训中加入了拓展训练的内容，使得青年教师都对拓展训练有一个很好的了解和接触，不仅提高了青年教师的团队意识和合作精神，也通过他们在不同专业的教学中以潜移默化的形式向学生传递拓展运动的思想。

同时，为了加大拓展训练在全院的认知度，在2012年中层干部培训的机会，对全院中层以上领导及教师进行了一次专门的拓展培训，受到一致好评，使得拓展运动在院里领导和教师中得到了认可。

国际关系学院通过对教师的拓展训练，使得全院教师几乎都接触过拓展训练，为该项运动的发展建立了良好的基础。

（二）运动会加入拓展比赛项目

表3-2　近三年运动会参与人数调查表（每位学生限报两项）

项目年代	竞赛项目数及参赛人数	拓展项目数及参赛人次	全体运动会参加人次		备注
			教师	学生	
2010年	22；319	0；0	325	319	每届运动会每位学生和老师限报两项
2011年	22；272	2；180	356	452	
2012年	22；276	4；315	353	519	
2013年	22；279	6；414	348	693	

为了扩大拓展训练在学生中的影响，自2011年开始，拓展训练比赛项目出现国际关系学院的各种活动和比赛中，包括每年的体育节和田径运动会。拓展训练项目在田径运动会中的开展情况见表3-2。从表中可以明确看出，加入拓展训练项目以后，参加比赛的人数和涉及的拓展项目都逐年增多，说明拓展训练项目很受师生的喜爱。

从表3-2中可以看出，竞赛类的项目参赛人数没有明显变化，但是随着拓展项目的普及和引入，集体项目加入大大提高了师生参加运动的积极性和参与率。

从项目的特点上来看，传统运动会比赛项目相比，拓展项目趣味性强，每个项目参与人数多，扩大了学生对于运动会的参与程度，提高了学生运动的积极性。

（三）体育教师的拓展资格认证

为了提高体育教师开展拓展培训的能力，国际关系学院体美部的7名教师于2012年参加了为期7天的教师拓展训练资格培训。对拓展理论，各个项目的操作与体验，到场地器材的安全布置与维护都进行了系统的学习和实践，最后全部通过了理论考试和实践考试，获得了中级拓展师资格证书。通过培训，7名体育教师不仅仅加深了对拓展训练的认识，提高了教学能力，同时再次使得自己的团队意识和教学理念得到了一次升华。

（四）开展课程初步实践（大一课程）

在2012年9月份，体美部首次在基础体育教学中加入了拓展训练课程。在开设之前，首先对上体育课的学生进行了调查，调查他们愿意上的体育课程，其中有瑜伽、拓展、高尔夫、台球等，其中选择拓展项目的占到30%，处于新开设课程的前两位。

开始为尝试阶段，开课时间定在本学年第二学期的前两周，即2013年3月。拓展课程的项目通过我院体美部教师的讨论以及对北大等有经验高校的考察与咨询，最后定为破冰、团队建设、挑战150等游戏。

此部分课程，受到师生的一致好评，许多学生意犹未尽。课后，对课程效果以及学生反映情况进行了调查，结果见表3-3。从表中可以看出，第一，拓展训练是广为现代大学生接受的，学生参与的积极性非常高，不仅打到锻炼学生身体的目的，而且调动了学生的积极性，活跃了课堂氛围，拉近学生之间的距离。第二，通过课程影响到学生的心理和行为，提高了学生解决问题的能力。

表3-3　拓展课后的调查结果

项目	百分比
接受拓展训练的运动形式，并且参与的积极性非常高	90%
增强了自己的凝聚力、团队精神和整体意识	91%
发掘了自身潜能，增强了自信心，改善了人际关系	85%
磨炼了自己战胜困难的意志	83%

（五）拓展运动的组队训练和参赛

2012年11月，国际关系学院组队备战第二届北京市大学生拓展运动会。选拔了20人左右的拓展运动队，安排了专职的体育教师作为教练，除了在校内组织常规训练外，还专门去硬件环境比较完备的北京大学进行了4次针对性的训练。国际关系学院作为首次参赛的队伍，在第二届北京市大学生拓展运会中取得了"最佳拼搏奖"和团队展示第一名，旗语破译第二名的好成绩。

通过比赛，一方面提高了学生身体素质和对拓展专项的能力，同时极大提高了学生的团队意识。通过比赛，队员们更加自信、团结。比赛结束后，他们之间还保持着密切联系。这也许就是拓展训练的魅力所在，这不正是我们的教育要做到的吗？

图3-1　比赛现场情况

五、结论与建议

通过对拓展训练在国际关系学院的教学、训练、比赛的实践和调查，得到如下结论：

（1）在高校开展拓展训练有广阔的前景，是高校体育教学改革适应社会需求的一种可行性方式，也是对体育教学的新补充。在高校的发展是首先要制定合理的规划并且按照规划开展实施。

（2）拓展训练的开展，需要获得领导和教师的支持。

（3）拓展训练的发展，需要开展广泛的宣传工作，提高学生的兴趣，扩大参与程度，建立坚实的群众基础。

（4）需要对拓展课程的教师进行专业的培训，一方面保证教学质量，另一方面通过拓展训练提高教师的素质。

（5）虽然拓展课程在国际关系学院顺利进行并收到良好的效果，为拓展训练引入我校体育课程开了一个好头，但由于开设的项目少、时间短，因此，拓展训练在我校进一步的推广还有一段路要走。

根据教学实践的结果，对于拓展运动在高校的发展提出如下建议：

（1）拓展训练在高校开展是一个循序渐进的过程，要制定一个科学规划。在宣传上，最好先从领导和教师开始，让他们切身体会到拓展训练带来的震撼，加深他们对拓展训练的认识。从开展方式上，可以把拓展训练先引入课余体育，课余体育活动是体育课的延伸；活动人数多，自觉参与意识强。例如，校运动会由于传统的运动项目只是少部分运动水平强的学生的表演，大多数学生当观众，所以，学生参与的积极性不高。在运动会中加入拓展训练项目，可以适应多数同学的口味，具有很大的发展空间。

（2）教师要转变思想、更新观念。教师教学过程中应注意：在项目进行过程中，不传授具体的知识和具体办法，而是需站在更高的位置上，保持冷静的态度，高度的责任心，合理布置项目，监控项目的顺利进行，纠正不安全行为。仔细观察每位学员的表现、发现问题、随时记录。在分享与回顾部分，教师不是批评家，而是一个引路人，主要的作用是引导学员进行反思、开拓学员的思路、打破惯性、让学员们自己找出问题、发掘症结和提出解决问题的办法。

（3）充分挖掘高校开展拓展训练课程的资源，在设备添置以及教师培训等方面予以大力支持，充分利用高校和社会拓展训练资源。有条件的学校最好能自身建立稳定的训练基地，在方便学生教学的同时还可以向社会开放，提高场地利用率，收取的费用也可以用在场地器材的维修上。高校与社会拓展训练资源的整合，可以有力地推进拓展训练的可持续发展。

（4）建立完善的课程体系，在引进拓展训练时，要借鉴一些开设好的院校的经验，并成立专家组严格把关，确保将规范的拓展训练项目引入校园。在制定课程评价标准时要注意其特殊性。拓展训练课程的评价没有量化的成绩单，不通过具体的成绩来评定好坏，而是通过证书记载学生的训练经历，不作主观评价，但可在学生的个人素质提高上提出激励为主的建议。建立学生训练档案，对学生参训及效果情况进行记录和分析，以不断优化课程的设置和对学生进行培养、引导。

第二节　高校击剑运动开展现状调查

一、前言

击剑是从古代剑术决斗中发展起来的一项体育项目，它结合优雅的动作和灵活的战术，要求运动员精神的高度集中和身体的良好协调性，体现出运动员良好的动作和敏捷的反应。

近年来随着高校体育教学的改革，击剑运动越来越吸引人们的眼球。20世纪50年代击剑课程就进入过我国高校课堂，但是，目前北京市高校开设击剑课程的学校屈指可数，对击剑教学的研究还远远不够。本章通过对北京市开设击剑课程的高校的调查，掌握北京市高校击剑课程进行的整体状况，以及影响击剑运动在北京市高校推广的因素，希望能够促进击剑运动在北京市高校的普及。

二、研究对象与研究方法

（一）研究对象

为了解北京市高校击剑运动开展的现状，对国际关系学院、北京联合大学应用文理学院、中华女子学院三所院校（后面简称国关、联大文理、女子）作为调查对象。

（二）研究方法

1.文献资料法

查阅发表于核心类和普通类的期刊上有关于击剑的论文以及北京市高校击剑比赛的文字记录，以及网站上有关的文章，进行了整理分析。

2.问卷调查法

制定调查问卷，了解击剑在上述高校的发展情况和学生对该项运动的兴趣，共发放问卷200份，回收率为100%，有效率为97%。

3.访谈

对北京市部分尚未开展击剑课的高校的体育教师和开设击剑课程的体育教师进行访谈。

三、研究结果与分析

（一）击剑运动适合在北京市高校开展

1.击剑运动安全性高

击剑运动虽起源于中世纪骑士间的决斗，但经过装备、器材和技术要求上的改良，最初的危险性早已不复存在。击剑服装为白色三件套（上衣、裤子、防护背心），均由质地结实的面料制成，它可以抵抗80kg冲击力，其强度足以抵挡剑的刺劈。运动员还要穿上防保内衣，头戴金属网制成的面罩，网眼宽度不超2mm，并能承受160kg重的冲击力，布质的护颈下伸到锁骨，足以保证运动员头颈部的安全。所用剑身为四棱的，剑头是平的，不会刺破击剑服，这一切都保证了参与击剑运动的人员安全。[1]

2.击剑运动能提高大学生心、智、体综合素质

表3-4　学生对击剑功能的了解

项目	培养优雅气质	提高心智功能	锻炼身体	其他
百分比	61.2%	53.4%	46.7%	9%

对已经开设击剑课程的院校进行调查，发现学生对击剑功能的认识主要在以下几方面。

从外在气质表现来说。击剑运动可以改变人的气质，在调查中发现（见表3-4），超过60%的学生认为击剑运动可以培养高贵优雅的气质。身穿战衣、头戴钢盔、手持利剑，这种"酷"与神圣，只有体验的人可以感受到。在开赛与结束时所例行的礼节，动作的舒展大方，无不说明击剑讲究礼仪和姿态的优美。高校作为培养国家未来人才的重地，击剑运动在提升学生的姿态与气质上面发挥一定的作用。

从心智方面来说。击剑是一项十分考验智力和胆识的运动，勇于面对困难，方寸之间需要做出迅速的判断，狭路相逢勇者胜的特点让击剑运动员的勇气提升，意志品质更加坚强。对于提升大学生的思维能力、集中注

---

① 王威. 击剑课程在辽宁普通高校推广的调查与分析[J]. 鞍山师范学院学报，2010，12（2）：78—80.

意力、勇于拼搏等精神大有益处。另一方面，击剑运动可以锻炼人的反应能力。在搏击交手过程中，双方需要不断地观察，不断地思考，在进入交锋距离内、在有限的时间里，迅速做出反应，从而形成一种全新的思维模式，能够促进训练者的快速应变能力。

从健身来说。击剑可以锻炼身体的协调性，柔韧性和灵活性，培养良好的体能，增强体质。在大学生体质不断下降的情况下，击剑课能有效提升大学生身体素质。调查中发现参加过击剑训练的学生认为击剑运动能达到锻炼身体，提高身体素质的目的。

（二）北京市高校击剑课程开设的现状

1.开设击剑课程的学校少，专业教师不足，标准的击剑场地不够，击剑教学方面的研究缺乏。

表3-5　北京市高校开设击剑课程的情况

项目	开设击剑课的高校	专业的击剑教师	专业的击剑场地
数量	6所	7位	3处

从表3-5可以看出，在北京市的八十多所高校中，开设击剑课程的高校不到10所，与其他体育项目相比，击剑运动在高校无论从数量上还是从参与该运动的学生数量上都非常少。

击剑是从1955年进入北京体育大学课堂的，到现在不到60年，培养出许多击剑运动的教练、运动员和爱好者。然而在北京市高校专业从事击剑教学的教师非常少，这也是击剑没有在高校普及的一个重要原因。

北京市高校有专业击剑场地的学校凤毛麟角，许多学校虽然开设了击剑课程但是没有剑道，只好租用或者借用其他学校的场地。学生上课和训练，基本上都需要去校外进行，这样来回浪费了学生许多时间。

2.开设击剑课程的高校中，击剑的普及程度较高，击剑社团组织完善，活动内容丰富，对内对外交流多，比赛多。

表3-6 所调查的院校击剑活动开展情况表

项目学校	击剑课程开设时间	击剑队组建时间	击剑社团成立时间	每周训练次数	每学期举行的论坛数	每学期的比赛数
女子	2012年	2007年	2007年	≥2	3	3
联大文理	2011年	2010年	2010年	≥2	3	3
国关	2013年	2012年	2012年	≥2	3	3

被调查的这几所院校都开设了击剑课程，成立了击剑社团，组建了校击剑队。每周都在正规场地训练，组织好的击剑社团会员超过800人，而且每学期都会增加100多名新的会员；每学期社团活动的次数超过40次，组织击剑比赛与交流（除了北京市高校的击剑赛，自发组织的各个高校的擂台赛与交流赛）超过10次。

定期开设击剑论坛，2014年下学期，国关击剑社团与女子学院、联合大学应用文理学院联合组织了4次击剑论坛。第一次论坛，讲解各个高校击剑社团的整体情况；第二次讲解击剑规则；第三次对将要举行的擂台赛进行讨论；第四次交流擂台赛的比赛经验与技术。击剑社团的活动得到了学校的肯定，有的击剑社团如联合大学应用文理学院在在校社团评比中获得了第一，可见击剑社团组织的情况良好，对击剑运动在高校的普及起到非常好的宣传作用。目前，联大文理的击剑社团已经成为学校最大的社团，会员人数在所有校内社团中排名第一。

1994年—2014年中国期刊全文数据库中，击剑相关文章共352篇，其中击剑教学仅仅6篇。和其他项目相比，不仅文章总体数量很少，有关教学的更少，说明击剑运动在科研方面明显滞后，一定程度上也影响了击剑教学在高校的普及①。

3.北京市开设击剑课程的高校，击剑教师个人魅力强，文化素质高，为推广击剑运动作着许多无私的贡献。

表3-7　两位教师对北京市高校击剑运动推广的时间表

推广院校	女子	联大文理	国关	联大
推广年份	2007年	2010	2013年	2014年

本研究所调查的这几所院校，击剑课程的任教教师只有两位，职称都为副教授，击剑经验丰富，对击剑十分热爱，虽然不是专业出身，并且都有其他的工作（一位教古典文学，一位教英文），但是对击剑运动在北京市高校的推广做了许多贡献。他们是击剑运动在北京市高校推广的倡导者，他们所付出的努力，令我们反思。他们在推广击剑运动上所获得的经验，值得我们学习和借鉴。

为了解决场地少，经费少的问题，他们促成北大击剑馆向外校学生廉价租用，自己免费对前来训练的学生进行技术指导与训练。他们免费为北航、国关、女子、联合大学应用文理学院、北大等学子进行击剑知识传播与技术训练，为这些学校击剑课程的开设、击剑社团的成立、击剑队的组建出谋划策，才使得这些学校顺利开设了击剑课程。

他们对击剑的热爱和他们的阅历、知识以及他们对击剑的理解，传递给了学生，使学生对击剑充满了兴趣和激情。他们不仅教学生击剑技术，

①　秦巍峰. 对我国高校击剑运动发展现状的研究[J]. 北京体育大学学报，2005（3）：67.

还有击剑运动所衍生出来的更深的人生意义。大学生追星、对新事物的好奇心以及对时尚的追求，需要更好地引导。这样的教师能满足他们的需求，所以，每次训练，尽管训练地点都在北大，距离自己的学校有一定距离，学生们都兴致勃勃地来到训练场地，认真学习训练。他们在开设击剑课程过程中所积累的这些经验值得我们在推广击剑课程时参考和借鉴。

（三）制约击剑运动在北京市高校课程开设的因素

1.校领导以及体育部门的领导对击剑认识和了解程度

击剑是一个新兴项目，它的普及程度低，因此，许多领导对它了解的很少，这也影响其在高校的发展。但是，随着击剑运动的推广与发展，领导眼界的提高，击剑运动会走入大学课堂。因此，作为推广击剑运动来说，应该从宣传的角度多下功夫，多举行一些击剑比赛，击剑汇演，成立教师击剑团队，免费对他们进行击剑技术培训。让更多的领导和教师了解击剑运动，击剑运动才能更好地在高校开展。

2.优秀击剑教师的培养与引进

一位优秀的击剑教师，首先热爱击剑这项运动，为击剑运动的推广可以做无私奉献，其次，不仅掌握击剑技术，更要了解击剑历史和击剑运动精神，把这些东西教授给学生，使学生爱上击剑，养成终生锻炼的习惯。目前，北京市击剑教师缺乏，所调查的这5所开展击剑运动的高校，只有两位教师担任教练。因此，怎样提高击剑教师的数量和质量，需要相关部门给予关注和解决。

3.场地器材的投入与合理解决

击剑所设计的场地器材及训练经费相对来说比较高，如果要求严格使用专业而齐全的设施如剑道、裁判器、击剑服、剑及面罩等，开设这个课程费用在10万元左右。击剑费用高从某种程度上也制约了击剑课在高校的普及，但是，这些设施我们可以简化，对于初学者或者对于普及这些运动来说，没有费用昂贵的专业剑道和裁判器，只需要击剑服、剑及面罩，就可以达到目的。对于击剑队的训练，可以利用社会资源，拉赞助，借用和租用校外场地，这样就可以缓和费用过高所带来的阻力。

4.击剑社团的成立与组织的完善

一项运动要开展，就要有组织管理，有丰富的活动内容做支撑，不断地为学生提供一个交流与活动的平台，使他们通过击剑这项运动去了解自己、展示自己、提高自己，提高他们组织能力、与人沟通、交流、自我展示、表达的能力，学生才能从中获益，击剑才能拥有更多的参加群体，才能在高校更好的开展起来。

5.击剑教学方面的对击剑运动开展的影响

从科研上来说，陈士亮在2009年《我国击剑运动文献现状分析》一文中提出：我国击剑类专著的数量少，出版时间久远，内容的更新速度慢。击剑专项理论仍然处于初级的积累阶段，对于我国击剑运动的普及、发展都是一个障碍。[①]秦巍峰在《对我国高校击剑运动发展现状的研究》也提出同样的问题。对于现在一个信息化、知识化的社会，击剑资料的多少

---

① 　陈士亮. 我国击剑运动文献现状分析[J]. 沈阳体育学院学报，2009，28（5）.

影响着击剑教学的普及。因此，应加大和鼓励击剑教学方面的研究。

四、结论与建议

击剑运动是安全的运动，可以培养学生的气质，提高学生的心、智、体能力，适合在北京市高校开展。虽然目前开展高校少，从事击剑教学的专业教师不足，击剑场地缺乏，但是，击剑运动在北京市高校具有良好的前景。首先，对于普及击剑运动所需的设施可以简化，费用不多，北京市各个高校能够满足开展击剑运动所需要简易条件。其次，击剑是一项新兴的、时尚运动项目，大部分学生对它很好奇，而且有很高的学习兴趣。另外，北京有一些击剑爱好者，致力于高校击剑运动的推广，我们可以借助他们的力量和经验多培养一些从事击剑教学的教师。如果相关上级部门可以利用北京体育大学、首都体育学院、北京市师范大学以及国家和北京市击剑队等教学资源，定期对各高校从事击剑教学和将要从事击剑教学的教师进行培训，就可以扩大从事击剑教学的师资力量。最后，完善的击剑社团，丰富的校内外击剑论坛与交流比赛，良好的宣传工作，可以使主管部门领导以及学生正确认识击剑运动，提高他们参与击剑运动的兴趣。以后对击剑教学与训练的研究将会越来越多，这些都便于击剑运动在北京市高校的推广。

第三节　外来运动项目本土化

——以中国式瑜伽教学的发展为例

瑜伽起源于印度，进入中国已有多年。中国和印度同为东方文明古国，有着悠久灿烂的东方文化，虽然中国和印度文化有差异，但是这些真正的智慧存在很多共同之处。

自西汉以来，印度的瑜伽行派传入我国，南北朝时期流行的"易筋经"、唐朝流行的"天竺按摩法"、宋代流行的"婆罗门引导法"均是受瑜伽的影响而形成的。瑜伽与我国的道教、医学、儒家、武术和民间导引术交流融合，成为强身健体的拉筋术，丰富了我国古代养生学的内容。鉴于瑜伽对身心的锻炼价值，在中国得到很好的发展，也进入国内高校体育教学运动项目中。

瑜伽在国内开展的百年之中，发生了几次演变。现代瑜伽经过几十年的发展，形成了很多的种类和分支体系。21世纪以后，瑜伽开始脱离健身房，成立相对专业的瑜伽修炼场所。瑜伽也慢慢走进高校体育课堂，在瑜伽的教学过程中，瑜伽课被认为是一种减肥方法课。随着世界卫生组织对健康的定义，对健康的认识开始有了很大转变，养生康复的健身思想开始确立。在瑜伽市场化发展中，以优美的姿势和高难姿势吸引眼球，而另一中瑜伽实力，悄悄发展起来，就是随着中国文化元素的慢慢渗透，"中国瑜伽""大道瑜伽"等开始出现，有很多老师在不断为两种文化的交融作出探索和努力。讲瑜伽练习方式建立在国人的饮食、作息、习俗、气候更迭以及文化等基础上，形成更适合中国人习练的特色瑜伽。如瑜伽与中医药理融合的元瑜伽；将中国传统养生功法中医理论思想，五行和五脏运以呼吸内力和印度瑜伽的元素相融合的功夫瑜伽；道学和瑜伽相融合；太极与瑜伽相融合的太极瑜伽等都是中国传统文化与瑜伽的融合。中国式瑜伽更加适合中国大学生的运动方式，也更加符合中国大学生的身体特点，能起到锻炼身体的价值，吸引学生的关注度与持续参与的行为。

目前，高校瑜伽教学的种类繁多，教材不一，但以提高体能，增加身体健美为主的瑜伽，使得瑜伽锻炼变了味道；以高难度体式为主的瑜伽练习，让许多瑜伽参与者，身体关节出现许多伤病，与运动健身的理念相离甚远。而中国式瑜伽，无论从身体锻炼、体质保持与提升，还是伤病康复与身体保养等方面，都会起到积极的作用，并且不分年龄长幼，随时随地都可进行，因此，中国式瑜伽是与终身体育运动思想联系较为密切的运动项目。

在中国式瑜伽教学的开展中，对中国传统医学的五行经络知识进行传播与开发，燃起学生对中国传统养生导引术的兴趣与挖掘，及中国传统文化之一道家身心合一思想的研究，促进大学生在练习中体会情志与心理对身体的影响，在提高大学生心理健康方面，提供正确积极的渠道。

我们应以国人情愫为根基，以国情需求为发展，让瑜伽在促进大学生身心健康方面发挥它独有的光芒。随着我们对中国传统文化越来越重视，瑜伽与中国传统文化的这种融合更加适合中国的锻炼方式。中国式瑜伽，是瑜伽多元文化发展的产品，是瑜伽在中国传统文化中的融合，可以更多体现东方美学的智慧，也将是高校体育教学鼓励发展的方向。因此，传播有中国化特色的瑜伽是每位高校瑜伽从业者应该思考的问题。

第四章

体育教学内容和教学方法

体育教学内容和教学方法方面的研究非常丰富，而且每一位一线体育教师在这方面都有着丰富的经验。但是，经验是过去的，是动态的，是需要更新和迭代的，否则就不能满足教学需求，达不到教学目的。体育教师和体育运动从业者，都非常重视体育技能内容的更新。无论从技能难度，技能变化，技能的运动，还是到运动技能种类的开发上，都有着迫切更新的需求和动力。教学组织方法，更是一样，每一学期，每一次课程，即使内容一样，学生有了变化，或者场地有了变化，对教学组织和方法都要做相应的改变和调整。有时为了提高学生参与的积极性，尝试各种组织教学方法，研发新的教学方法，等等。这些问题容易引起他们的重视，促进他们去更新变化。因此，作为一位体育教师对体育教学方法的创新和研究将永不过时，永不松懈。

对体育教学内容的组成部分——体育理论知识的传授则重视度不够，这方面的经验和研究也比较欠缺。原因有很多种，大致可以归为：一方面，有的体育老师本身对先关体育理论知识掌握不够，传授这部分内容需要体育教师进一步学习之后，才能完成，因此造成传授成本高。另一方面，体育理论知识对目前教学效果的完成，影响不明显，或者效果评价中没有设计相关的评价内容。也就是说，体育理论知识的讲授没有硬性要求，也没有运动技能这么显现，处于可有可无的状态。

随着社会运动环境的发展，运动已经成为现代学生生活的一部分，对运动的需求也不断增加，因此，对运动理论知识的获取也变得极为迫切，同时运动理论知识的普及影响着我们对大健康环境的建设速度，运动理论知识的普及将成为高校体育课程理所当然要进行的一部分。

下面，我们将从体育理论知识的传授和体育教学方法的实践研究上，来进一步探讨体育理论知识传授的必要性和路径，以及体育教学方法的应用建议。

第一节　高校体育课中要重视体育理论知识的教授

体育课程是一门涉及体育、生理卫生、健康、环境、娱乐等领域的综合性理论与方法课程，还涉及身体发展、人际关系、运动技能技巧等实际活动方面的内容，具有鲜明的综合性，因此，涉及的相关的科学知识，以及哲学思想也比较多。

大学生的培养目标是综合素养，综合能力。因此，在体育教学中，我们不仅培养和提高学生的运动能力，还要有跨学科主题的隐性学习，让学生发现体育运动中的真善美，更要有健康知识的传授，比如适合大学生发育和心理保健知识，疾病预防和运动康复知识等。让他们在正确的人生观下，懂运动、会运动、利用运动促进健康，提高整个社会的大健康环境。

大学生学习的一个鲜明特点，不再是记忆和模仿，不再是被动和强迫，自由时间、自主时间和自由选择更多，因此，体育运动怎样可以吸引到他们的目光，也是体育工作者一直努力探讨的课题。激发大学生自主运动的意识和习惯，就需要转化大学生学习的驱动力。高校体育教学可以利用体育知识背后的科学知识及哲学知识来启发他们学习的内驱力，以此让他们养成主动学习和自主学习的目的，最终实现终身学习的习惯。

根据体育科学的相关知识，大学生知识掌握特征，以及大学生的培养目标。我们在高校体育课程中，需要把相关的理论知识融入运动技能的讲授中。但现实是，虽然体育知识的普及工作做了许多，比如，不仅以纸质的形式出版了许多相关的书籍，也在相关多媒体上开设许多视频讲解，但体育相关知识的掌握还是很薄弱。首先是这部分知识尤其是书本理论知识容易被大学生忽视，他们利用很少课余时间进行这方面书籍的阅读。另外，就是有的学生对体育知识的认知不够，他们认为体育不需要理论知识的支撑。大学生对体育知识的掌握不足，无法满足日常锻炼和健康维护的需求，尤其是运动损伤理论，运动康复理论知识，这些时刻影响着大学生的健康状况及学习质量，对学习和生活影响比较大。

那么，作为高校体育教学，理论知识的普及与课程融入方面，怎样才能找到一个最佳的方式，获得最大的效果，就需要一线老师的不断实践，以及自身理论知识的不断学习和积累。

下面，我们将从运动康复理论知识的作用及普及方面做一个案例探讨，以启发对其他体育理论知识的重视和传授方法。

第二节　运动康复理论知识的普及作用和实践

一、前言

羽毛球运动中经常会因为自身，器械场地等原因发生运动损伤或运动性疾病，髌骨劳损在羽毛球专业运动员中时有发生。髌骨劳损损伤后恢复较慢，不仅直接影响到运动员的运动水平和竞赛成绩，而且还影响到运动员的正常训练、学习与生活。

膝关节髌骨劳损是羽毛球运动中常见的运动损伤。国内对本病的研究很多，在病因病理学上已达到相当水平，但是，针对普通高校羽毛球运动代表队的康复方法和康复教育的研究则很少。充分了解髌骨劳损的损伤机制和康复方法，使运动中出现的相应损伤加速恢复，可减少损伤所带来的负面影响，不仅对羽毛球训练有深远的意义，而且对促进羽毛球训练的发展，提高运动员参加训练的积极性、运动水平和竞赛成绩有良好的推动作用。

二、研究对象与方法

（一）研究对象

北京高校羽毛球队运动员80人，其中，男42人，女38人。

（二）研究方法

制作问卷，现场发放问卷80份，回收74份，回收率为92.50%，其中有效问卷71份，有效回收率88.75%。

1.问卷信度检验

抽取10名调查对象并对其进行两次问卷调查，时间间隔为12天。经过对两次测试数据进行统计相关数据分析，得出重测一致度分别为90.00%和94.00%，表明问卷具有较高的可靠性。

2.问卷效度检验

将问卷初稿呈送5位专家对问卷的效度进行检验，4位专家认为较合理（如表4-1）并根据专家提出意见和建议，对问卷初稿进行了修改和补充。

表4-1　问卷效度检验基本情况

	很合理	较合理	较不合理	不合理
人数	1	4	0	0
百分比	20.00%	80.00%	0	0

三、结果与分析

（一）膝关节髌骨劳损的损伤机制

膝关节髌骨劳损的损伤机制与膝关节损伤的原因密切相关。从图4-1和图4-2中我们可以看出，37%的羽毛球专业队的运动员是在技术练习过程中膝关节损伤，同时另有33%的运动员是在实战比赛中，并且有28%的运动员导致其损伤的直接原因是运动的负荷量过大，其次有18%的运动员是由于积劳成疾造成。在羽毛球运动中，下肢会有许多快速变向、旋转、急停、快速起动等动作，而这些动作就可能造成髌骨劳损。一般髌骨劳损都有典型的膝在半蹲位一次受伤或反复过度劳损史，并伴有膝软与膝痛、髌骨压迫痛、髌骨边缘压迫疼等损伤征象[1]。而髌骨劳损多是由于在半蹲状态下进行发力或移动，因为这个角度伸膝力最大，关节活动最有利，最灵活。但此时，关节稳定性下降且负荷过度而使髌骨关节软骨而受到超生理负荷、反复磨损或细微损伤积累引起；运动训练安排的不科学、不合理、过多进行膝关节半蹲位姿势下发力、制动、踏跳、滑步等专项技术训练[2]；伤病停训后突然增加膝关节负荷或专项训练；股四头肌力量弱、膝关节稳定性差以及准备活动不充分、运动后不注意关节的保暖与防湿都是该病的发病诱因，还有一部分是由于运动员没有树立正确的安全意识和缺乏自我保护意识。

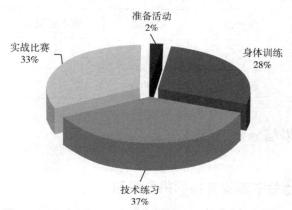

图4-1 羽毛球专业队在何种情况下易发生膝关节损伤

---

① 那菊华，孙克迎，孙中光. 体育运动中膝关节损伤的解剖学分析[J]. 潍坊教育学院学报，1997（3）：51.

② 李含义. 软伤诊疗学[M]. 北京：人民体育出版社，1987.

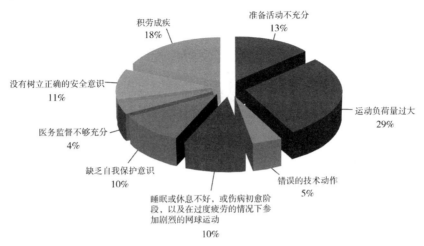

准备活动不充分
13%

积劳成疾
18%

没有树立正确的安全意识
11%

医务监督不够充分
4%

缺乏自我保护意识
10%

睡眠或休息不好，或伤病初愈阶段，以及在过度疲劳的情况下参加剧烈的网球运动
10%

错误的技术动作
5%

运动负荷量过大
29%

图4-2　导致膝关节损伤的直接原因

（二）髌骨劳损的治疗方法

表4-2　选用的治疗方法

	理疗	中药内服法	中药渗透药外敷或直流电导入	按摩治疗手法（包括软骨病的手法和末端病的方法）	针灸	痛点注射	手术治疗
百分比	60.78%	13.72%	19.60%	49.01%	52.94%	23.52%	7.83%

　　根据表4-2，我们可以看出羽毛球专业运动员在损伤后选用最多的治疗方法是理疗法，选用几率高达60.78%。其次为针灸疗法和按摩治疗法，选用几率分别为52.94%和49.01%。经过研究发现理疗法治疗时间短，收效快，无痛苦，且可有效改善膝关节髌骨劳损后的血液循环；针灸疗法可使淤阻的经络通畅而发挥其正常的生理作用，还可使机体从阴阳失

衡的状态向平衡状态转化①。理疗法、针灸疗法和按摩疗法具有普遍性、方便性、易接受、治疗疼痛小等共同特点。

在调查中尽管只有23.52%的人选用痛点注射治疗方法，但从医学的角度现今比较推荐此法。经查阅资料发现痛点注射具有强而持久的抗炎作用，使血管敏感性增高，收缩性加强，减少局部充血及体液外渗；减轻局部水肿、减少粘连，有利于病变的恢复②。在高强度实战比赛中，可暂时减轻疼痛，维持比赛正常进程。

在采用以上治疗方法的同时，还可选用中药治疗法。此方法与以上各治疗法不仅不相冲突，还有助于伤病的康复。例如，中药内服法具有活血祛瘀，温寒散结，行气止痛之功效；而中药外治法具有温经散寒，祛风止痛之，消肿散瘀，舒筋止痛之功效。缺点就是疗效慢。

（三）髌骨劳损的运动康复方法

表4-3　综合效果较好的康复方法

	根据髌骨周围肌肉制定力量训练康复方法	根据康复时间制定组合健身器械训练法	根据身体机能状况制定的运动处方	髌骨劳损的简易康复练习	髌骨劳损的自我按摩康复方法	根据髌骨劳损损伤程度制定的康复方法
百分比	58.33%	53.33%	33.33%	100%	92.85%	72.72%

---

① 陈香仙. 手法治疗髌骨劳损13例疗效分析田[J]. 辽宁体育科技，2003（1）：29—33.

② 李思民. 对运动损伤的心理因素分析[J]. 吉林体育学院学报，2000（2）：67—69.

从表4-3中我们可以看到，选用髌骨劳损的简易康复练习的人数最多，且其法是总体康复效果较好人数最多的方法，选用人数与效果统计几率是100%。髌骨劳损的简易康复练习共有四项练习，每一种都可由伤者自行练习，并不需要其他辅助器械，每项练习目的各有不同，不仅可使股四头肌的力量得到一定程度的恢复和锻炼，还给髌骨以一定的压力，使能够获得更多的营养，且有明显效果。此简易康复练习方法比较适用于伤势较轻和康复后期伤患运动员。根据康复时间制定组合器械训练法的综合效果选用人数几率只有53.33%，此几率远远低于92.85%的髌骨劳损的自我按摩康复方法。

经过分析研究发现，根据康复时间制定组合器械训练法分为三个阶段康复：第一阶段为延缓肌肉萎缩，提高肌肉耐力，同时注重增强患膝平衡能力；第二阶段是负重及本体感觉练习，提高肌肉耐力和爆发力，增加关节稳定性和平衡能力，刺激本体感受器兴奋本体感觉，加强患膝运动控制能力；第三阶段是强化肌力及关节稳定，进行正常运动训练，恢复已有的运动水平，恢复效果很好，但三个阶段练习须有专人安排并监督完成康复练习，且频率、时间和强度要求十分严格，有些运动员觉得很不方便、怕麻烦，所以，此康复方法综合排名不高。综合效果高达92.85%的髌骨劳损的自我按摩康复方法，运动员均表示简单易学，操作方便，例如搓擦膝两侧可温经通络，利水消肿；揉按血海穴可活血化瘀，通络止痛，坚持对髌骨部位按摩，可以起到调节神经，促进血液循环，改善膝部新陈代谢、松解粘连，从而使伤病得到更好的康复。髌骨劳损的简易康复练习和自我按摩康复方法这两种方法简单、方便、安全，且有显著的康复效果。选用最少的根据身体机能状况制定的运动处方方法一般针对伤势比较严重的运动员，对康复的外在要求高，但康复效果不错。

（四）预防髌骨劳损的主要手段与措施

1.运动各时间段注意事项

运动前，应做好充分的准备活动，提高关节的灵活性，加强保护与自我保护意识，预防运动损伤。运动中，应掌握正确的运动技术，如掌握正确的起跳和落地动作，不在半蹲位长时间负重练习，不要重复次数过多的练习，避免下肢过度疲劳；要注意环境卫生，不应在过硬的场地上，特别是在水泥和沥青地面上做跑跳练习，尽量减少膝关节碰撞的动作。运动后要及时将膝部汗液擦去，注意保暖，防止风寒湿侵，更不能洗冷水浴；要做好放松整理活动，及时解除局部疲劳，进行自我或相互按摩。

2.预防羽毛球运动损伤的有效措施与方法

（1）强化安全教育

教练员应该经常加强对运动员的安全教育，使运动员树立正确的安全意识，并及时针对运动员的损伤状况，帮助运动员分析其产生原因，对运动员提出在训练和比赛中应该注意的事项。

（2）认真做好准备活动

准备活动可以提高中枢神经系统的兴奋，克服机体活动的生理惰性，为正式练习、训练和比赛做好准备。因此，运动前做好准备活动是十分必要的。准备活动内容要根据教学训练和比赛的内容而定，不仅要有一般性准备活动，还要有专项准备活动，使准备活动最后部分的内容与课程或比赛基本内容相似。

（3）避免在不良的生理、心理状态下运动

睡眠或休息不好，或伤病初愈阶段，以及在过度疲劳的情况下参加剧烈的羽毛球运动，就可能因肌肉力量弱、反应较迟钝、注意力减退、身体协调性差而导致损伤。心理状态与损伤的发生也有密切关系，如心情不舒畅，对训练和比赛缺乏自觉性和积极性，思想不集中、急躁、胆怯、犹豫等，都容易导致动作失常而引起损伤。

（4）强化自我保护意识

自我保护是羽毛球运动中防止损伤的重要措施之一，主要有运动时的服装、鞋袜和器材等要符合卫生要求。羽毛球服装要求舒适、方便、质地轻、易洗；羽毛球鞋必须柔软、牢固、舒适，并能支撑脚背、踝和跟腱，确保不会压迫脚尖。不同性质的场地要求选择不同质地的鞋底：在室内或硬地上运动，选择较平滑，凹凸少的鞋底；红土或垫沙土的人工草皮场地，应挑选凹凸多、摩擦系数大的鞋底，穿不易打滑的球袜，避免脚与袜之间的摩擦。羽毛球帽具有遮阳和固定头发的作用，发带、"抱头布"兼有束发和吸汗的双重作用，护腕既可防止腕关节运动损伤，又可擦汗。此外，运动过程中必须随时注意自我保护，如跳起击球落地时要屈膝缓冲，以防挫伤膝关节；以手触地时一定不能直臂撑地，以防骨折或脱臼。

（5）加强对膝关节的保护意识

在进行变向跑动、步法练习、急停制功、跨跳以及下肢力量的专门练习时应尽量选择在较平整、松软的地面或沙滩上进行，这样即可提高练习效率，又可减少对膝关节的损伤。如果一旦出现轻微伤痛坚持练习时，要加戴护膝等防护用品，并及时找出原因，避免损伤加重。发生膝关节损伤，要及时治疗，因为膝关节结构较复杂精细，所以，大多需要静养很长时间或手术治疗。

3.其他措施

武术套路不仅用于康复后期训练还可预防髌骨劳损。此方法适用于髌骨劳损损伤前和髌骨劳损损伤康复后，目的是锻炼并提高膝关节周缘肌肉力量，不断促进运动员身体素质的提高，最大限度地减少损伤的发生，使各种训练能按预期进行。

四、结论与建议

（一）结论

1.羽毛球专业队的运动员多是在技术练习过程中造成膝关节损伤，并且导致其损伤的直接原因是运动的负荷量过大和积劳成疾造成。

2.羽毛球专业运动员在损伤后选用最多的治疗方法是理疗法，其次为针灸疗法和按摩治疗法。痛点注射的治疗方法可用于高强度实战比赛中。

3.超过50%的专业羽毛球运动员经过运动康复后，身体其他机能也随伤病的恢复而得到相应恢复。选用髌骨劳损的简易康复练习的人数最多，且总体康复效果较好。

4.康复中的心理教育、安全教育、武术套路可以帮助受伤运动员顺利地克服损伤初愈后的困难，加速治愈过程，促使受伤部位尽快康复。

（二）建议

1.提高预防意识，充分认识运动员膝关节的急、慢性损伤，特别是髌骨慢性损伤。加强安全教育以及损伤后的康复教育，在思想上引起足够的重视。

2.定期体格检查，加强对自我运动能力的监督，特别是患有各种慢性疾病的运动员更要加强对自身的医学观察和定期或不定期的检查，依照运动处方合理安排好各种练习计划，不断促进自身运动能力的恢复，严格禁止运动员带伤进行剧烈的比赛和运动。

3.采用科学的训练方法与手段，重视准备活动和训练后的放松练习，不断促进学生的身体素质的提高，最大限度地减少损伤的发生，使各种训练预期进行。

4.完善研究内容，在预防措施的研究、伤后处理的主、客观因素的研究等方面给予更多关注，这对于预防运动损伤的发生、伤后康复以及网球运动的开展和普及都有重要的现实意义。

第三节　高校体育教学方法的反思

随着时代的发展、科技的进步，人们接受知识的方式、速度、环境等发生了很大变化，因此，教育的方式和方法必然做出相应的改变。所有事物的发展都是在继承和创新中发生的，教学方法也是如此，一些跟不上时代需求的方法被淘汰，另一些通过调整被沉淀下来。

虽然体育技能知识是需要通过身体感知锻炼来获得的，即体育技能是身体感知认知，理论知识是概念认知，体育技能知识的学习过程与理论知识的虽然有所不同，但同是知识的获得也有相同之处。他们在掌握的过程中都需要通过加强记忆来实现，无论是概念性记忆，还是动作性记忆。虽然前面以大脑记忆为主，后面以身体感知记忆为主，但在记忆的过程中，调动的器官越多，记忆的越牢固，掌握的就越快。在记住知识之后，需要进行知识的输出与运用训练，只有将所学知识灵活运用和输出了，知识才能真正被掌握，才真正内化成自己的知识和能力。在知识的运用过程中，无论是概念知识还是实操性知识都需要具有一定的心智能力，比如观察运用环境并进行分析，找到知识运用最佳点，而且还需要自身已有能力的配合，将知识成功的运用出来，达到解决问题的目的。

因此，无论什么学科，教学方法是可以相互借用，做出相应调整，达到最佳的教学效果。体育教师，在运动技能学习上，花费了大量时间，因此大部分体育教师有着丰富的体育技能学习经验，技能水平远远超过大部分学生。但作为一名体育教师，一名教育工作的从事者，只有体育技能还不够，还需要学习和积累相关的教育学理论知识，当然还有相关的体育学、解剖学、生理学、运动力学、心理学等，但最基本的一定是要认真学习和研究一下教育学知识。

有的体育老师认为，运动技能水平高就可以了，其他都不重要。但现实中，你会发现，很多运动冠军培养不出冠军，而不会游泳的教练却培养出了游泳冠军。所以，自己会与让别人会是两个不一样的事情，之间的转换过程很复杂，是值得每一位教育从事者认真学习和探讨的问题。后面将从轮换教学法在网球教学中的应用实践，来和大家一起探讨，这个教学法的实际应用问题，以此来提高对体育教学法探究和应用氛围。

第四节　分组轮换教学法在高校网球教学中的运用

随着中国网球选手在国际网球赛事上的优异表现，如在2011年的澳网公开赛中李娜取得突破性的成绩，网球在中国越来越被人们接受和喜爱。高校作为培养优秀人才的地方，也开始重视学生网球方面的培养和发展。目前，我国普通高校逐渐将网球这一时尚的"贵族运动"列为体育公共选修课。

在教学实践中，由于选课人数多，课时少，场地有限，教学效果往往不尽如人意。笔者结合自己的教学实践，提出了分组轮换教学法。本节总结了提出该方法的动因，实施的过程及取得的效果，并指出在运用这种方法中需要注意的问题，旨在为改善网球教学方法提供一定的参考依据。

一、实施分组轮换教学的动因

（一）现阶段网球课存在的问题

网球作为一项有别于其他体育传统项目的运动，在大学中吸引了很多初学者。学生选修的动机包括强身健体、促进学习、陶冶情操、展示自我，促进社会交往，项目时尚，培养气质等。但是随着这项运动的普及，学校的扩招等各种原因，大学网球课收效并不乐观，学生练习少，进步慢。

学生们怀着激动的心情去上课，可每次课都不能打得尽兴。主要问题有以下几个方面：

1.场地不足

每次课都仅能在1/4或1/5的场地上移动，要让学生运用正确的姿势去打球几乎是不可能的。学生打球时频频失误，到处捡球成了网球课的主要活动。为了接到球，学生只能挤在一块场地上乱挥手中的球拍，这无疑是没有效果的，甚至导致恶性循环，造成动作变形。

2.课时限制

一次体育课总共1.5小时，除去准备活动和捡球的时间，实际自己练球的时间所剩无几。

3.课堂教学没有办法增加他们的兴趣

任何东西的学习都是靠常练习而掌握的，就像卖油翁说的那样"无他，熟尔"。与此同时，兴趣是很好的催化剂。知之者不如好之者，好之者不如乐知者，有兴趣做好一件事就要比单纯完成任务容易得多。所以，解决这些问题，就要解决场地和提高学生学习兴趣的问题。

（二）分组轮换教学法

分组轮换教学法，就是把按照技术水平把学生分成若干组，学习不同性质的内容，学生根据水平进步情况定期动态在不同的组之间调整。

分组轮换教学有效地解决了课堂统一施教与学生程度差异的矛盾，使教学过程更符合认识规律、心理与生理发展规律，使教师的教与学生的学更加紧密、配合更好协调，较好地体现了以学生为主体、以教师为主导、以练习为主线、以全面发展为主旨的教学思想和方法，充实了课堂容量，优化了课堂教学结构，对提高整体教学效益、提高学生综合素质、深化体育教学有积极的促进作用。

在场地不足的情况下，采用这种形式可使学生获得较多的练习机会，也可以培养和锻炼学生独立工作能力，开展互帮互学。分组教学法，在高校网球选修课中的运用，适应高校学生及网球的教学特点，对克服学生在学习上的心理障碍，树立学习信心，发展学生的个性，发扬学生拼搏和互相帮助的精神，重要的是在网球课上进行分组轮换教学同时与高校培养学生的目标相吻合。它具有加强团队意识的培养、提高独立思考和工作的能力、培养学生的沟通能力和引入竞争机制，灌输竞争意识的作用。

二、教学实验实施过程

选择国际关系学院网球选修课的两个班，任选其中一个班为实验班，另一个班为对照班。在2010年9月—2011年6月，进行了为期一学年的教学对比实践。对照班采用传统式的统一授课的教学模式，按照基本技术、基本战术、教学竞赛的顺序进行，并在其间穿插理论教学。实验组按照分组轮换教学法进行教学。

（一）分组

通过问卷调查、身体素质的测试，将实验班学生按水平高低依次分成A、B、C三组。但各组成员不是固定不变的，对学习进步较快，对网球运动感悟较强的，在8课时（4周）后升到上一组。即在学习过程中进行相应的分级考核，能达到自己所在层次目标的前2名学生即可升到高层次组，成绩在后2名的学生降到低层次组，以提高学生学习的积极性和主动性。

（二）教学内容

A组以基本技术的衔接练习、基本战术为主，辅以专项理论讲授和教学竞赛；B组以基本技术练习及基本技术的衔接练习为主，辅以基本战术和专项理论的讲授；C组以基本技术为主，辅以专项理论讲授。

在实验开始的前两个月，由于大多数同学没有网球基础，在学期刚开始的这个阶段（教学的前两个月的时间）三组主要采用"直观教学法"，生动直观地讲解和示范可以使学生对所学技术获得丰富的感性认识，建立正确的运动表象，有利于促进学生对网球运动技术的掌握。

学生经过一段时间的学习，他们对所学技术的认识程度有了明显的进步之后，教学内容开始有所侧重，A组学生开始练习技术的衔接如左右移动正反手技术、正手侧身攻，并且实行轮换练习法等。B组学生强化基本技术练习，如连续正手攻、反手直线攻，多采用轮换教学法等。C组学生练习单个动作，多采用多球练习法。通过一定量的练习，学生对技术掌握之后，并通过巩固了已获得的运动技能之后，A组学生开始增加战术训练和实战练习，B组学生练习基本技术的衔接及简单的战术训练，C组学生继续进行巩固性训练。

（三）注重学生情感和心理变化

在教学中要充分挖掘分组轮换教学法的内涵，最大程度地发挥分组轮换教学的优势。著名心理学家赞可夫曾说："教学法一旦触及学生的情绪和意志领域，触及学生的精神需要，这样的教学法就会变的高度有效"。要保证教学方法更好地实施，首先要有效地沟通教学情感，在课堂上教师要密切地关注每位学生的学习情况，不断提供信息反馈，耐心辅导，多采用赏识、鼓励性评价，激发C组学生的自尊心和上进心，使C组学生消除压力，充满信心地向自己的目标努力。其次，要充分考虑不同层次的学生在学习过程中心理上、思想上的特点及掌握技术动作的特点，根据学生不同的基础体能，灵活地把握网球知识与技能，选择适宜的、不同层次、深浅各异的练习内容和指导方法，使同层次以及不同层次间学生相互促进，相互竞争。进步升组，退步降组，增加学生的竞争和忧患意识，调动学生课堂学习和课下自主锻炼的积极性，以达到各组的教学目标。在教学过程中进行相应分级考核，达到某级别考核的前2名学生晋升到上一组，后2名学生退到下一组，在学习结束时进行最终级别的考核，以确定其最终学习成绩。

（四）不同的教学目标和任务

如果全体学生同一个教学目标，对C组来说要求肯定过高，而对A组来说要求又过低，过高或过低的教学目标都容易挫伤学生的学习积极性，只有根据不同组学生的条件，提出相应的目标，才能调动学生学习的积极性，使处在不同起点的学生共同提高、共同发展。在制定各组的目标时，依据教学的可能性和学生的可接受性以及学生将来的实际应用性，既注意教学要求的一致性，又要注意学生个体差异，突出教学目标的层次性。每个组的教学目标，又可分为课堂目标、阶段目标、最终目标3个不同形式的目标。比如三个组的最终目标：A组主要是提高学生对球控制的能力，以及提高球的速度、落点和稳定性；B 组要使学生达到动作规范、对球有一定的控制；C组的目标就是尽可能的使动作规范。

（五）制定不同的评价标准

教师的评价对学生来说非常重要，正确的评价不仅能激发学生学习兴趣，更能激发学生的内驱力。传统的教育观念认为"成绩面前人人平等"，因而要用统一的标准来要求每一位学生，从而抹杀了学生的个体差异，所培养的学生出现"千人一面"的现象。实施分组轮换教学应重视学生的个性发展，强调满足学生的不同需求。因此，对学习的评价必须多元化。对学生的学习评价不采用统一评价的方式，采用最终成绩与平时成绩相结合的考核方法，注重学生平时学习成绩的提高。实行最终成绩=期末成绩（40%）+阶段平均成绩（40%）+平时表现（20%）。

期末考核的成绩是每个学生绝对水平的体现，阶段平均成绩则是每个学生在每个层次组进行阶段考核时的相对成绩的平均值。在阶段评价时，教师应针对每个学生的特殊情况，确定不同的评价标准。对A组的评价要高标准严要求，对能控制球的落点、速度，并能维持多个回合数；对B班的评价适当降低标准，只要做到动作规范、有回合，不要求对球落点有很好的控制。对C组的评价，只要动作规范就是90分。平时成绩的评价是对学生在整个网球课的学习过程中表现是否积极主动，阶段考核成绩是否进步等，也就是对学生平时的学习态度、成绩升降幅度的总体评价。

将阶段成绩和平时成绩纳入总成绩之中，使评价标准反映了学生在学习过程中的进步情况和努力程度，使评价标准能反映每个学生的不同进步相适应，这样使学生的学习活动纳入平时有效的管理和监督之下，能够对学生的学习情况进行客观公正的评价，反映出学生的真实水平。

三、研究结果与分析

实验前，对实验班和对照班学生的网球基本技术及身体素质进行检验，检验结果无明显差异（P>0105）。通过1年的教学实验，分组轮换教学法，在提高网球技术方面的对比分析：经过两组的对打回合测试，实验组回合数明显高于对照组。由于对实验组和对照组在实验前的基础技术测试结果中无显著性差异，在实验后出现差异，说明分组轮换教学法对提高网球的基础技术，促进学生掌握技术、提高运动技术水平起到了很好的作用。分组轮换教学大大激发了学生的学习积极性，并且避免学生在课堂中练习的盲动性，使每个同学都学有所得。从实验结果上说明分组轮换教学对提高学生技术水平有非常显著效果。

分组轮换教学对提高学生竞赛水平方面的对比分析：在实验的最后阶段对两个班的学生进行了教学比赛（规则自行规定为学生每胜一球得1分，先得7分者获胜；比赛采用抽签单淘汰制。）进入前8名的学生实验班与对照班没有明显差异，而进入比赛第二轮的学生实验班均明显多于对照班，第一轮就被淘汰的学生实验班明显少于对照班。

从实验结果来看，分组轮换教学大大提高了学生的竞赛水平，同时也进一步激发了学生对网球的兴趣。经过一段时间的学习，学生的技术水平有了较大的提高，学生的个体差异也就充分显现出来，在这个阶段的学习中。A组学生开始增加战术训练和实战练习。充分开展师生之间和学生之间的多向交流，这样就有利于调动各个学生的学习积极性。B组学生练习基本技术的衔接及简单的战术训练。C组学生继续进行巩固性训练。三组学生结合理论知识讲解，使他们对所学技术的理解更加透彻，且更加全面，他们在技术学习中的理论知识进一步指导着实践，加快了技术的掌握和提高。因为A组学生通过分组轮换教学，技术较对照班掌握得快，战术训练和实践练习较多，所以，实践能力也好于对照班。对实施分组轮换教学班组的学生，在教学过程中进行相应分级考核，达到某级别考核合格者晋升更高级别的学习和考核，在学习结束时进行最终级别的考核，以确定其最终学习成绩，这样有利于调动各个学生的学习积极性，努力向更高级别的目标奋斗。

另外，通过对网球选修课的按分组轮换教学实验，从学生的学习兴趣、学习态度上可以看出学生的思想有很大转变，学生学习兴趣得到提高，学习积极主动性得到调动，大部分学生养成良好的课后锻炼习惯，网球各方面能力也得到较好的培养和发展。

四、结论和建议

（一）结论

1.通过一年的网球分组轮换教学实践，分组轮换教学对加强网球技术动作的掌握、巩固以及提高具有积极的促进作用，学生自学和组织教学等能力也得到较好的培养和发展。同时也激发了学生学习网球的兴趣，提高了课堂学习和课后练习的积极主动性，培养良好的锻炼习惯和运动能力。

2.分组轮换教学可以充分利用时间和场地，提高了学生上场对打效果以及学生网球竞赛水平和意识。缓解了学生人数多与场地器材短缺的矛盾，弱化了场地的重要性。比如让某学生在场地上练习时，其他的学生可以观看模仿并指出他们存在的问题，或在进行挥拍练习等。

3.分组轮换教学杜绝了个别学生对学习的内容感到很难掌握，而有的学生会觉得所学的内容过于简单这样一种知识水平不平衡的矛盾。使身体素质好，球感好或有一定网球基础的学生进一步提高了竞技水平，防止了吃老本；使身体条件、基础差的学生受到鼓励，提高了学习兴趣。

4.分组轮换教学有助于教师不断获得学生在学习上的信息，在识别分析信息的基础上，对教学方法做出及时的修正和调整。教师将处理过的信息不断反馈给学生，以达到不断督促和鼓励学生学习的作用，从而实现师生间的信息互动

5.多样化的评价机制和竞争机制的运用，有助于激励学生不断进步。充分地发挥了学生的学习积极性和主动性。

（二）建议

分组轮换教学能充分利用时间和场地，但缺点在于教师不容易全面指导学生，也不容易使各组的技术水平都符合逐步上升的原则。因此，在运用分组轮换时，必须注意以下几点；

1.分组前必须对学生的情况作一番深入细致的了解。这包括对学生的年龄、性别、身体形态、身体素质以及心理的了解。分组的结果切合实际，有利于对不同组的学生提出不同的任务和要求，实施多层次，有针对性的教学，也有利于充分挖掘和培养学生的专长。

2.在分组练习的同时，各组学生应相对固定，并让有一定体育基础和组织工作能力的学生担任组长，协助教师共同上好体育课，即培养好体育小组长和体育积极分子，使他们在课中起到助手作用，协助教师组织教学。

3.教师应把主要力量放在学习新内容的小组，适当照顾复习旧内容小组。如果都是复习旧内容，则应照顾内容难度较大的小组。

4.做好分组的组织工作，严肃课堂组织纪律，以便较迅速而有程序地进行轮换。在练习前教师要交代任务、目标要求和违规的处理办法，对分组练习进行巡视观察，发现问题，再集中进行总结示范，纠正错误动作，使学生学得生动，学得主动。

5.不要让学生产生好坏的定性心理。适当组织各层次教学组的交流，营造同学之间互帮互助的学习风气。另外，针对技术难点，学生难以掌握时，如上手发球，反手接球等围绕技术环节，学生之间，教师学生之间，在课堂上分小组或小组之间交流练习体会讨论解决办法。从中领会掌握正确的方法。这样既活跃了课堂气氛，又培养了学生的主动思维能力。

6.基础部分采用何种组织形式，教学时间如何分配，主要应根据教学的任务、内容、学生人数、教学的性质和难易程度，以及场地器材设备等条件而定，不能千篇一律。

7.要注意调动学生的积极性。教师可以从以下几个方面提高学生练习的积极性：（1）定期进行分组比赛；（2）不定期检查各组的训练情况；（3）讲解打球的技巧以提高学生能力和兴趣；（4）布置作业，内容为观看网球比赛，以提高学生对网球的兴趣。

第五章

高校校园体育文化建设

高校校园体育文化，是高校校园文化的重要组成部分，是高校体育教学的延伸，是学生提高体质、养成良好运动习惯、获得知识技能、提升自身能力等全面发展的重要平台。高校校园体育文化建设是培养全面发展的学生的重要途径。高校要以社会主义核心价值观引领校园体育文化建设，让强国意识、中国传统文化等融入高校体育文化中，弘扬中华传统体育精神、促进体育文化繁荣发展，充分发挥体育文化在培养人、塑造优秀人才中的作用。高校校园体育文化建设，需要多部门之间的相互协作，共同推进和维护。本章对目前高校体育文化建设中存在的问题进行了分析，并通过问卷调查的方式进行了相关研究，以期对高校体育校园文化建设和发展提供一定的参考建议。

第一节　高校校园体育文化开展的问题

　　课外体育活动是指体育课时间以外学生所从事体育活动。这种活动是学生自发进行的或是有组织有计划进行的。它是体育课的延伸和发展，是学校体育的重要组成部分，是实施我国德、智、体、美、技全面发展教育的基本途径和重要手段之一。

　　课外体育活动是体育课程教学的继续、有效补充和延续，是学校体育教育的重要组成部分也是实现学校体育教育的重要途径。根据"体育两类课程整体教学改革"方案的要求，体育教学任务的完成，要通过学科类体育课和活动类体育课两种类型组成的统一的体育课程来实现。但体育课程教学的时间毕竟是有限的，不可能依靠延长体育课程的总时间来促进体育教学的多项任务完成，因此，学生参加课外体育活动，从事自己喜爱的运动，增强自己的体质，促进身心健康，丰富课余文化生活，不但可以提高自己的运动技术水平，还能体会到成功的愉快，对体育运动也会产生浓厚的兴趣。参加课外体育活动，有助于学生体育兴趣、习惯的培养，有利于学生形成终身体育思想，养成终身参加体育锻炼的习惯。

　　高校体育要实现课内和课外向统一的模式，课内的主要任务是学习一些新的知识点，改进一些错误动作，因而要充分利用课外的时间，加强练习，复习与巩固已学的知识与技术，只有通过经常锻炼，才能把运动技能上升为熟练化、自动化，才能提高运动能力。虽然目前来说体育课是相对规范的，是受到重视的，但课外体育活动还需要更多鼓励政策。从教学角度而言，目前由于对课外体育活动的不重视，课外开展的实践以及相关的研究也很薄弱。只有将课内外体育一体化了，运动技能从传授、练习、巩固、掌握、运用于实战才能真正连接起来，才能更好地提高学生的运动能力，培养健康的行为习惯，养成高尚的体育品德。

第二节　高校校园体育文化建设现状调查

一、引言

　　高校校园体育文化作为现代高等教育与现代体育两大文化的交汇点，既是社会体育文化的重要组成部分，也是校园文化的重要组成部分。关注高校体育文化建设的现状，不仅对丰富大学生的业余生活和促进大学生身心健康发展起着有益的作用，而且对推进高校校园精神文明建设，营造良好的校园文化氛围，构建和谐的大学校园，全面推进素质教育亦有着十分重要的意义。希望通过对10所北京高校校园体育文化建设的调查，了解高校校园体育文化建设的现状，得出影响高校校园体育文化建设的主要因素，为高校校园体育文化建设提供一定的参考。

二、研究对象与方法

　　采用了文献资料法、访谈法、问卷调查法、数理统计法和逻辑分析法。以10所北京市普通高校为调查对象。发放教师问卷50份，学生问卷1000份。教师问卷回收46份，有效率为88%；学生问卷回收916，有效回收率为91.60%。其中，问卷的信度和效度都符合研究任务的要求。

三、研究结果与分析

（一）高校校园体育文化物质层建设现状

体育场馆和体育器材是体育活动必备的基础，是构成校园体育文化的有机部分，属于校园体育文化的物质文化。调查显示，仅有21.51%的学生对自己学校的体育器材配备满意；25.65%的学生对体育活动场地满意，学生们对学校里有关体育的图书资料以及体育教材也不甚满意，说明高校体育场地、器材、有关的图书资料等配备有很大的不足。而在对体育教师的调查中显示，高校体育场地和器材能基本满足运动训练的需求，但对满足体育教学和群体活动的需求仍不容乐观。说明大学生和体育教师对学校的体育物质配给均不是很满意。

（二）北京高校校园体育文化精神层建设现状

1.大学生健康观的调查与分析

世界卫生组织对健康下的定义是：健康不仅是机体没有疾病和痛苦，还要在个体身体上、心理上、社会上均处于一种完美状态。因此，健康教育体系应包括：身体健康、心理健康、社会健康。调查中也发现，63.81%男生和84.51%女生都统一认为，不仅生理、心理上都健康、还要能适应社会才算是真的健康。说明大学生们普遍对健康都有着正确的理解，这对学生树立正确的健康观的有很大的帮助。

2.大学生体育观现状的调查与分析

体育观是人们对体育在健身、娱乐和审美以及在心理素质和智力培养等方面所体现出来的价值认知程度。良好的体育观念对体育行为起着指导性的作用。

表5-1　大学生的体育观念调查表

调查项目	调查结果（%）		
	是	否	不清楚
运动能否使人心情愉快、忘记烦恼、变得乐观	90.50%	4.04%	5.46%
运动能使人更加健康吗	96.40%	0.21%	3.38%
想拥有体育特长吗	84.24%	2.19%	13.54%
有助于学习和思考	80.13%	5.57%	14.30%
有助于个性培养吗	86.46%	5.90%	7.64%

从表5-1可以发现，对体育的强身健体、改善心情和有助于个性的培养持肯定态度的学生分别为96.4%、90.5%和86.46%，这说明大学生对体育运动的功能都持肯定态度。认为体育有助于学习和思考的占80.13%，表明尽管大部分学生认为体育有助于学习，但仍有相当一部分同学缺乏对体育深层次的认识。在希望拥有体育特长方面，84.25%的学生持有肯定态度，由此表明，大学生喜欢运动，希望自己有一项体育特长，这对引导大学生的体育参与，培养良好的运动习惯，提高运动技能有很大作用。

3.大学生体育风尚的现状调查与分析

体育风尚是指体育盛行的习惯、风气。良好的体育风尚能活跃校园氛围，培养学生形成积极进取的心态和发奋努力的意志品质，并有助于学校形成良好的校风和学风。调查显示（见表5-2），仅有19.54%和26.42%的学生经常阅读体育刊物和观看体育节目；虽然超过一半的学生没有教师的督促能自觉进行体育锻炼，但多数学生的积极性没有被调动起来，没有形成良好的运动习惯。

表5-2　大学生体育风尚的现状调查

调查项目	调查结果（%）		
	是	否	有时会
没有教师的督促能自觉进行体育锻炼吗	58.73%	8.62%	32.64%
你会经常观看体育节目吗	26.42%	53.49%	20.09%
你会常阅读体育刊物吗	19.54%	55.90%	24.56%

4.北京高校体育宣传现状的调查与分析

调查显示（见表5-3），有近半数的学生认为学校没有体育宣传栏；宣传栏中有关体育的内容很少而且大多数学生都不知道；学校很少组织学生观看体育赛事，但大多数学校会在广播站播放的体育信息。表明高校体育宣传设施偏少，宣传力度不够。

表5-3　北京高校体育宣传现状的调查

调查项目	调查结果（%）		
	有	无	不清楚
学校有无宣传栏	50.11%	19.21%	30.68%
宣传栏里有无体育方面内容	11.03%	33.40%	55.57%
学校有无体育雕塑	13.21%	42.47%	44.32%
学校是否组织观看大型体育比赛	20.41%	58.05%	21.54%
学校广播里有关于体育方面的信息吗	67.79%	30.03%	2.18%

（三）北京高校校园体育文化制度层建设现状

1.北京高校体育传统现状的调查与分析

表5-4　北京高校体育传统现状调查

调查项目	调查结果（%）		
	是	否	不清楚
学校是否每年举行运动会	100%		
学校是否定期举办体育节	27.27%	18.18%	54.55%
学校是否形成体育传统	20.45%	47.73%	31.82%
你认为体育传统的形成有助于校园体育文化建设吗	100%		
学校是否有高水平运动队	70.45%	6.82%	22.73%
学校是否经常举办校内体育竞赛	65.94%	3.93%	30.13%
学校是否经常举办校外体育竞赛	27.40%	16.05%	56.55%
学校是否经常举办体育知识竞赛	12.45%	19.76%	67.79%
学校是否经常举办体育知识讲座	8.19%	37.23%	54.59%
学校是否有专门组织体育活动的机构	70.74%	13.76%	15.50%
学校是否有体育社团	58.62%	23.03%	18.34%

调查结果（见表5-4）显示，所有的学校每年都会开展运动会，但仅有27.27%的高校开展体育文化节。表明高校开展的体育活动形式单一，没有将灵活多样的体育节重视起来。70.45%的高校拥有高水平动队，表明高校对高水平运动队对体育活动的带动作用有一定的认识。根据调查数据显示，只有20.45%的受众认为本学校形成了体育传统；有接近三分之一的学校没有专门组织体育活动的机构，这对学校开展各种体育活动和将各种体育活动纳入规范和制度化的体制是不利的，从整体上阻碍校园体育

文化的发展；半数以上的学校经常举办校内的体育竞赛，但体育知识竞赛和讲座举办的很少，这说明学校对这方面的重视不够，需要加强。

2.高校体育制度现状调查与分析

调查结果表明，各学校均具备场地器材设备管理制度、学生综合体育测评制度、成文的体育课堂常规、国家体育锻炼标准、学校体育工作条例和专门管理体育的组织机构。但从是否具备运动员守则、学校体育竞赛制度、体育教师工作守则、体育教师奖励制度和校园体育文明规范的调查状况来看，具体到实施还有相当一部分人对此还不清楚，由此反映出相关制度上的脱节。因此，可以看出各个高校虽然已经具备了国家下发的一些相关规章制度，但仍旧有一些缺乏，使得这些规章制度在具体实施上可能难以真正发挥其应有的作用。

3.学生对体育教师参与体育活动的评价

表5-5　北京高校学生对体育教师评价调查

调查项目	调查结果（%）				
您是否会和学生一起活动	是	否	偶尔		
	27.27%	9.10%	63.64%		
您认为体育教师的个性对学生的影响	很大	一般	较小	没有	
	65.91%	20.45%	13.64%	0%	
你对你的体育教师的评价	幽默	讨厌	严肃	朋友	偶像
	25%	4.55%	18.18%	43.18%	9.10%

从表5-5中可以看出，北京高校体育教师对学生的影响是比较大的，体育教师具有的个性品质很大程度上对学生起着示范作用；有近半数的学

生把老师当作朋友对待，这表明体育教师很注重与学生之间的相互沟通，并取得很好的效果；能与学生一起经常活动的体育教师只占27.27%，还有9.10%的体育教师从来不和学生一起活动，这说明很多体育教师只注重课上知识技能的传授，不很重视课外活动对学生的体育教育，这样学生在课外活动时就会缺乏专业的体育指导，在一定程度上会影响学生体育知识的掌握。

（四）高校校园体育文化行为层建设现状

表5-6　学生获得体育知识的相关调查表

调查项目	调查结果（%）			
体育教师传授知识的方式	室内课	室外课	其他	
	9.10%	86.36%	4.55%	
体育教师传授知识的类型	运动生理知识	运动心理知识	运动技术	其他
	18.18%	4.55%	72.73%	4.55%
学生希望获得的体育知识	健身方法	体育新闻	健康知识	其他

调查显示（见表5-6），体育教师在传授体育知识类型和传授知识方式上仍然是以传授运动技术和上室外课为主，对体育理论和相关的卫生保健知识的传授不多，而学生最希望获得的体育知识不仅是体育运动的基本技术和技能，还有健身方法和健康知识等。说明高校体育教学内容不能满足学生的需求。高校体育教学内容不仅要让学生掌握体育运动和保健的基本方法和技能，更要为以后"终身体育"意识和社会适应能力的培养打下基础。所以，体育教师要改变观念，不仅传授运动技术，还要根据学生的需求变化，对体育教学进行必要的改变。

（五）高校体育教师对本校校园体育文化建设的评价

在调查和访谈中发现，大多数教师对教学环境和校园体育文化建设感觉一般，少数感觉较好，极少数认为校园体育文化建设有待加强。说明高校校园体育文化建设提高的空间还是很大的。体育教师认为，体育经费和师资力量不足是校园体育文化建设的最大影响因素，而学生的健康意识和领导的重视程度紧随其后，这反映出高校校园体育文化建设存在不少的问题，加强体育经费和师资力量的投入是重中之重，积极培养学生体育锻炼的意识也刻不容缓，同时学校领导也应该转变态度和观念，把学校体育工作作为学校工作中的一个重要部分，为体育文化建设提供领导层面的保障。另外，通过对专家和体育教师的访谈了解到，他们都认为，加强学校校园体育文化建设不容忽视，未来校园体育文化建设不能只注重物质文化层面和行为文化层面的建设，制度文化和精神文化层面的建设也是重中之重，四个层面并驾齐驱才能真正保证校园体育文化朝着健康、全面的方向发展。

三、结论和建议

（一）结论

1.北京市高校校园体育文化建设参差不齐，存在一定的差异。

2.体育硬件设施的相对缺乏是北京高校师生公认的影响大学生体育参与的主要因素。

3.北京高校大学生参与体育活动的人口数量虽然不少，但是仍有相当一部分学生进行锻炼的积极性和主动性不高，部分学生没有养成良好的体育锻炼习惯。

4.北京高校的各项体育管理规章制度和机构不健全，管理效率不高，体育社团和俱乐部开展不广泛，对学生的体育参与造成一定的影响。

5.体育经费和师资配比的相对不足是影响北京高校校园体育文化建设的客观因素，学生健康意识不强和学校领导的重视不够是影响其建设的主观因素。

（二）建议

1.加强对体育相关知识的普及作用，塑造学生健康的体育价值观

加强对体育的认识，培养大学生体育意识，形成良好的体育价值观。通过开展各种形式的体育活动、体育知识专题讲座等向学生传递体育信息，传授体育健身和体育卫生保健知识，鼓励和引导大学生积极地参加体育运动，使他们真正意识到参与体育运动会为他们的学习和生活带来实际效益，并促使他们形成积极向上的体育价值观。

2.完善校园体育文化建设的相关规章制度，提高体育社团、体育协会的影响力

积极营造浓郁的校园体育锻炼氛围，充分发挥校内体育组织机构的作用，提高大学生参与体育运动的积极性。发挥体育俱乐部和体育社团应有的功能，制定和完善有关的规章制度，确保体育运动全面顺利地开展，使学生有目的、有意识地投入体育锻炼活动中，养成良好的运动习惯。

3.多渠道宣传校园体育文化，多途径挖掘校园体育活动对学生实践能力的培养

重视体育宣传，以及所拓展出来的对培养学生能力方面的价值。高校

要加大体育的宣传力度，可以利用课堂、社团、网络等多种传播媒体有目的、有计划地进行体育宣传，增加学生对体育的关注度，使体育趋于时尚化、流行化。体育是个时尚的活动，它与社会的发展紧密相连，体育运动所涉猎到的商家赞助、广告、媒体等可以拓展学生的视野，激发他们的创造力。因此，校内外的各个体育赛事（如体育节，运动会各体育协会组织的赛事等）都可以作为学生实习的基地，拉赞助、做广告、海报宣传、摄影等工作，对学生的组织力、策划力、沟通力等有很大的锻炼和提高作用。

4.在校园体育文化建设中，加强领导和教师的示范带头作用

让领导参与到体育运动中来，使他们切身体会到运动的效果，对学校体育的发展有很大的作用。因此，应该把领导和教职工的体育运动工作提到体育部门的工作日程中来。建议在不影响体育教学和场馆运营的前提下，合理安排对师生开放的时间，提高体育场馆设施的利用率，改善和提高体育场所的环境，使之最大限度地发挥作用。

5.结合学校特色，建设独特的校园体育文化

校园体育文化是具有自己深刻内涵的一种独特的文化现象。由于各个高校的类型、规模、办学条件和师生结构有所不同，所以，也决定了各个高校的学生在校时所受到的体育教育也是不一样的，在参与体育时也必然有自己的特点。校园体育文化也应该根据本校学生的情况和学校自身的条件因地制宜来建设和发展自己独特的校园体育文化，最终形成自己的传统和特色。

第六章

高校体育教学实践研究总结

根据高校体育教学存在的问题以及对高校体育教学政策的解读，得出高校体育教学创新发展的必然性。在现实的体育教学中，对现教学中所遇到的问题进行实践研究与分析，包括科技在体育教学中的运用、线上线下混合式教学模式的发展及运用、体育理论知识的作用、体育教学方法的应用、体育运动项目的开设以及校园体育文化建设问题的进行了实践研究与探讨，得出高校体育教学发展措施及方向。

一、高校体育课程思政建设将不断完善与优化

高校教育在核心素养以及立德树人的指导思想下，首先要认识到体育教学工作是一项关乎新时代国民综合素质养成的系统工程，要站在全面发展的高度来认识体育教育，将其放在培养社会主义合格建设者和可靠接班人的高度来看待。第十三届全国政协委员唐江澎说："好的教育，应该是培养终生运动者、责任担当者、问题解决者和优雅生活者，给孩子们健全而优秀的人格赢得未来的幸福，造福国家社会。"①因此，我们要深刻探索高校体育课程思政体系构建的实施路径，从体育工作的各个方面开展思政建设。高校体育教学工作是一项全面性、系统性的工作，包含了高校运动场地设施的建设与管理、校园体育文化的建设、校园环境、体育课程及体育竞赛活动等多个层面，要把体育课程思政思想落实到每个层面中去，才能真正做好高校体育课程思政建设工作。

未来体育课程思政建设也将越来越完善。在高校体育课程思政建设中，课程目标涉及运动能力发展、健康行为养成、体育品德培育三个方面，根据具体教学内容进行细化。教学内容选择中，将通过对学生运动能力、健康行为、体育品德表现进行综合评测，结合这些特征对组织教学过程，并在过程中进行及时调整、归纳和安排，做到因材施教。在品德培养时，注意部分隐性要素的挖掘与考虑；如国家认同中爱国爱党的隐性要求很难在课程设计中体现，因此，教师可以结合运动健儿的成绩、先辈们的

---

① 唐江澎. 好的教育，应培养终生运动者、责任担当者、问题解决者和优雅生活者[EB/OL]. 中国青年网，2021-03-07.

努力、当前存在的问题等进行思政教育，激发学生的爱国热情，提高学生实现自我价值的动机。

二、高校体育课程目标多元化

体育课程目标不仅把增强体质、提高健康作为首要目标，还注重培养学生体育文化素养，同时强调学生个性和创造力的培养，并主张结合体育课程内容的特点，把道德教育和合作精神的培养融合在体育教学过程之中。通过体育课程，既要完成学生在学校期间体育能力的达标和身体素质的锻炼任务，还要培养学生的运动兴趣，为终身参加体育活动打下基础，以及让学生养成健康的行为习惯和良好的道德品行。

三、课程内容更加注重学生的主体需求

随着社会的发展，学生对体育的需求呈多元化态势。课程内容只有满足了学生的需要，更多地考虑到学生的个性化要求，才能激发学生兴趣，促进学生积极参与体育运动，并最终实现终身体育。另外，在体育教学过程中，要重视传授终身体育所需要的体育知识包括体育基础知识、保健知识、身体锻炼与评价知识、运动损伤的康复和运动养生等方面的知识。

随着科技的发展，社会的进步，体育教学内容会更加多样，学生和教师选择体育教学内容的权限更宽，教学内容总体丰富多彩。一个好的体育课程必须做到：首先，在教学指导思想上，将把社会需要的体育和大学生需要的体育结合起来，以实现体育教学中满足社会需要与促进学生个性发展的和谐统一。其次，在教学目标上，将围绕着21世纪对人才培养需求，大学生身心特点等，加强对学生能力的培养。最后，在教学程序中，逐步

融入运动目的论的思想，让学生充分体验运动学习中的乐趣；引导学生充分理解和参与学习过程；改变过去教学的统一性、被动性、机械性的做法；在教学方法上，以主体性教学观为视野，提供个性化的教学方法；在教学评价上，将以生动活泼的学习氛围、学生个性的充分发展、学生的兴趣习惯、综合能力的养成、主要学习目标的达成等为基准。

四、保持高校体育教学模式的不断优化

根据体育单元教学的不同阶段，选择不同的教学模式，以达到对整体教学模式的优化。在教学大纲中规定了各个项目的学时，以确保各个运动项目单元教学任务的完成，并使学生能熟练掌握几项运动技能。在单元练习的下一个阶段中，学生已经基本掌握所学的运动技能，下一步要重复练习和巩固并注意纠正动作的细节问题，因而在此阶段应以选择能力培养模式等为主。在单元练习的最后一个阶段中，学生掌握了运动技术，通过复习巩固锻炼了相应的运动技能，应进行运动能力的培养，提高学生对运动技术的运用能力以及心智能力，此阶段应该以竞赛教学模式等为主。

根据学生基础优化体育教学模式。教师要重视学情分析，利用好学情分析这个工具，才能选择更加适合的教学模式。教师是教学活动的主导，学生是教学活动的主体，主导与主体因素构成了体育教学活动的主要因素，因而在选用教学模式时，也要考虑到师生的具体情况、具体特点。随着信息科技的发展，教师对学生学情的了解越来越方便，也越来越全面。

五、更多科技赋能体育教学，加大体育教学的创新

教育的数字化时代已经来临，智能设备在高校体育教学中发挥着越来

越重要的角色。对于这种高科技的设备对体育教学的助力，我们需要在教学模式、教学方式方法等方面做出相应的革新。

创新思想要贯穿高校体育教学的始终，创新与传承是体育教学改革的主要角色。高校体育教学的发展要靠改革和创新来实现，更担负着培养大学生创新能力的任务。教学创新，应是教师的一种能力，是一种在传统教学方案基础之上的提升，是在对传统教学过程的不断质疑。高校体育教师作为教学一线人员，拥有更多教学实践机会，从教学实践出发，大胆改革，创新先进的教学模式和教学方法积极参与学校的教学改革，设计切合实际的教学方法，才能使教学处于一种创新状态，使教学拥有更强生命力。

教学创新是教师的一种积极的教学实践活动，体育教师要有能力构建新的知识结构，积极改进自己的教学实践。因此，体育教师要提高自己的教学研究能力，大量涉猎和收集教育教学的信息，提高理论素养，增强搜集信息的意识，了解先进的教育思想、理论和观念，拓宽知识面，不要满足于现状、为能成为一名良好师德和更加完美人格的教师而努力。

六、重视高校体育课内课外一体化的发展

（一）学校对课外体育活动给予政策性支持

课内的主要任务是学习一些新的知识点，改进一些错误动作，因而要充分利用课外的时间，加强动作的练习，复习与巩固已学的知识与技术，通过不断强化和锻炼，才能把运动技能上升为熟练化、自动化的阶段。由于高校体育课时间有限，复习与巩固动作技术和所学知识的过程，大部分

需要学生利用课外时间进行。但目前来说，各高校对体育课已经很重视，体育课时间得以保证，但课外体育活动却有待加强，学生专业压力的加大也会挤压课余锻炼的时间，因此，学校对课外体育活动机制，时间管理，人员配备，活动宣传等方面给予重视。

（二）加大高校体育课外活动的开展力度

高校体育课外活动是高校体育选修课在课外的一种延伸和补充，广泛开展体育课外活动，有利于运动在高校的普及与发展。鉴于学生对运动的热爱，应充分发挥高校团委、学生会等管理部门的作用，成立校运动会俱乐部、协会，聘请一些技术强的人员作为教练、指导员，给会员做技术指导并定期举办一些相关的专业讲座等，吸引广大同学参与运动。这些组织可利用课外时间，组织各种类型和规模的体育训练及校园体育竞赛活动，丰富学生的课余文化生活。另外，俱乐部和协会要不定期的组织体育联谊活动，举办一些专业性或者趣味性的交流比赛，激发学生互帮互助和锻炼学生社会适应的能力。比如学生在这些活动中，积极寻求适合自己角色扮演的机会，技术好的学生可以帮助技术差的同学，及时接纳新的成员，融入这些组织的管理运行系统中去，为组织团体做出自己的贡献。俱乐部和协会另外一个作用，就是可以对一部分特别喜爱运动的学生进行基本技术和比赛中的各项技战术训练，让他们了解并掌握一些比赛的知识，然后影响和带动身边的学生积极参与到这些体育活动中来，从而提高学校的运动氛围，促进学生运动能力和身体素质的提高。

因此，高校可以从以下几方面对课外体育活动给予鼓励：

1.加大高校体育经费的投入，各级领导应重视并加强体育场馆设施的建设，购买、配置充足的体育器材设备。加强高校领导的思想教育，提高他们对学校体育重要性的认识，意识到课外体育运动对培养学生终身体习惯的重要性。

2.加大宣传力度，提高学校领导、大学生对运动的认识和兴趣，推广运动，制定一套切实可行的，可以大力发展普通高校运动的措施。

3.加强课余锻炼的组织工作的研究，尤其对课余锻炼的形式、效果、评价、考核等进行较深层次的研究，促进课外体育运动健康有序的发展。

4.加大课外体育锻炼资源的投入，保证足够的课外体育锻炼时间，配备足够的专业教师进行指导，及时补充和更新场地和器材等硬件设施。

（三）高校体育课外未来发展方向

1.高科技设备的快速普及性。大学生的课余体育锻炼，主要是通过自己联系同学或朋友一起参与。这些大学生都是数字化发展的原住民，对高科技产品的普及有着天生使用优势。例如，通信设备的发展，同学们在网上建立各项运动爱好者群，并通过手机、网络等随时随地预约训练和进行比赛。

2.高校体育课外活动的多样性。社会的发展、教育的进步，使得大学生获得知识的渠道越来越多，越来越方便快捷，掌握的知识也越来越多样。教师应该充分利用课堂时间快速传授相应的运动方法和知识，激发学生课下锻炼的动力，以便于学生在课下有针对性地练习，也促进了学生对课上所学知识的复习、巩固和提高。

七、重视高校体育教师的继续教育与培养

作为高校体育教学的落实者，体育教学改革的执行者，高校体育教学

发展与创新的实现者，高校体育教师担负着重要的责任与义务。做好体育教学的传承与发展，高校体育教师要从教学实践出发，研究体育教学开展现状，及时发现教学中存在的问题，探索新型教学模式和教学方法，让高校体育教学拥有更强生命力。

高校体育教师要有一种积极认真的心态对待体育教学实践活动，要有能力构建新的知识结构，在积极改进自己的教学实践的同时，还应积极提高自己的教学研究能力，不断涉猎和收集大量的教学信息，了解先进的教育思想、理论和观念，提高自己的理论素养，拓宽自己的知识面。

因此，必须重视体育教师的继续教育，拓展高校教师进修的渠道，尤其在知识与技能更新方面，鼓励教师走出自己的舒服圈，扩大自己的知识范围，提高自己的知识高度。重视高校体育教师的进修与职业发展规划，建立完善的相关制度，保障和激励教师不断保持进取精神、更新教育理念，做好高校体育教师队伍建设，从而提高体育教学质量。

总之，高校体育教学改革一直在进行中，在不断优化和迭代中。传统的体育教学在当时的时代背景下，也发挥了体育教学的最大功能。但随着时代的变化，体育教学必将做出相应的改变。根据社会的发展趋势，在教育改革的大背景下，高校体育教学发展将突出以下几个方面：（1）建立丰富的体育教学内容资源库；（2）实现体育课内外活动的统一；（3）在提高课程趣味性，增加学生的快乐体验，激发学生参与运动的积极性等方面，高科技产品扮演着越来越重要的角色；（4）更加突出学生这个主体，教学环节的制定都是依据学生的情况，因材施教更加落地；（5）体育教学项目更加突出本土化和国际化。社会的发展，高等教育的前沿性与活跃性，体育学科的开放性与包容性决定了未来大学体育课将更加兼具本土特色与国际视野。

参考文献

1. 刘伟. 高校体育教育创新理念与实践教学研究[M]. 北京：九州出版社，2019.

2. 谢伟、张矛矛、曹洪军. 基于项群理论的高校体育课程思政探索[J]. 体育学刊，2021，28（4）：86—93.

3. 田麦久. 项群训练理论向项群理论的拓展[J]. 中国体育教练员，2019，27（1）：3—7.

4. 常益、张姝. 健体育魂：大学体育课程的思政教育转向研究[J]. 体育文化导刊，2018（6）：136—141.

5. 赵富学、黄桂昇、李程示英等. "立德树人"视域下体育课程思政建设的学理释析及践行诉求[J]. 体育学研究，2020，34（5）：48—54.

6. 王钰、孙延林、戴群等. 自我决定理论视域下运动心理学课程思政改革创新研究[J]. 天津体育学院学报，2020，35（1）：17—22.

7. 赵富学、陈慧芳、李攀飞等. 体育教师课程思政建设能力的生成特征、核心构成与培育路径研究[J]. 沈阳体育学院学报，2020，39（6）：27—34.

8. 田麦久. 运动训练学[M]. 北京：人民体育出版社，2000.

9. 徐正旭、蔺新茂. 构建项群教学理论的必要性与可行性研究[J]. 北京体育大学学报，2015，38（1）：100—105.

10. 曹景伟、席翼、袁守龙等. 中国运动训练学研究的回顾与展望[J].

天津体育学院学报，2003，18（2）：43—50.

11. 巩茹敏、林铁松. 课程思政：隐性思想政治教育的新形态[J]. 教学与研究，2019（6）：45—51.

12. 肖香龙、朱珠. "大思政"格局下课程思政的探索与实践[J]. 思想理论教育导刊，2018（10）：133—135.

13. 陈宝生部长在新时代全国高等学校本科教育工作会议的讲话[EB/OL].（2018-02-06）[2020-10-20].http：//www.moe.gov.cn/jyb_xwfb/moe_176/201802/t20180206_326931.html.

14. 吴岩. 让课程思政成为有情有义、有温度、有爱的教育过程[EB/OL].（2020-06-08）[2020-10-20].http：//education.news.cn/2017talk/20200608b-no-portrait.htm.

15. 习近平. 坚持中国特色社会主义教育发展道路培养德智体美劳全面发展的社会主义建设者和接班人[EB/OL].（2018-09-10）[2020-10-20].http：//www.xinhuanet.com/politics/2018-09/10/c_1123408400.htm.

16. 习近平在北京大学师生座谈会上的讲话[EB/OL].（2018-05-03）[2020-10-20].http：//cpc.people.com.cn/n1/2018/0503/c64094-29961631.html.

17. 习近平. 在中国共产党第十九次全国代表大会上的报告[EB/OL].（2017-10-27）[2020-10-20].http：//www.gov.cn/zhuanti/2017-10/27/content_5234876.htm.

18. 第十三届全国人民代表大会第三次会议关于政府工作报告的决议[EB/OL].（2020-05-28）[2020-10-20].http：//www.gov.cn/xinwen/2020-05/28/content_5515748.htm.

19. 张柏铭. 立德树人视阈下的高校体育教学改革[J]. 高教学刊，2018（15）：129—131+134.

20. 朱宁、都希. "课程思政"理念下高职体育教学中的德育价值探究

[J]. 教育现代化，2019，6（67）：200—201.

21. 冯莉. "课程思政"理念融入体育课程的途径研究[J]. 当代体育科技，2018，8（29）：78—79.

22. 习近平. 人民教师无上光荣[EB/OL].（2020-09-10）[2020-10-08]. https：//www.sohu.com/a/253059294_508615.

23. 张细谦. 新世纪我国基础教育体育课程改革的价值选择[J]. 体育学刊，2013，20（2）：49—53.

24. 廖上兰、刘桂海. "培养什么人"：学校体育改革的理性思考与价值重构——基于我国宏观教育目标演进考察[J]. 天津体育学院学报，2021，36（2）：151—158.

25. 贾洪洲. 从两种"知识观"审视新中国成立以来体育课程与教学改革[J]. 成都体育学院学报，2013，39（12）：80.

26. 朱瑛、刘旻航. 协同学视阈中的我国体育课程改革[J]. 山东体育学院学报，2010，26（8）：81—85.

27. 孙鸿. 近10年基础教育体育课程改革的评价与反思[J]. 西安体育学院学报，2013，30（5）：616—620.

28. 冯雅男、何秋鸿、孙葆丽. 困境与视角：对我国基础教育体育课程改革的思考[J]. 北京体育大学学报，2017，40（8）：76—82，90.

29. 李丹、张志成. 论体育课程改革的文化失语与立场[J]. 东北师大学报（哲学社会科学版），2014（4）：255—257.

30. 张勤. 高校体育课程课内外一体化改革试探[J]. 体育文化导刊，2013（1）：104—107.

31. 李铭函、姚蕾. 学校体育课程改革的制度逻辑与实践进路——基于历史制度主义的视角[J]. 北京体育大学学报，2020，43（11）：63—73.

32. 孙德朝、孙庆祝. 我国基础教育体育课程百年演进历程的身体社会学解析[J]. 首都体育学院学报，2015，27（6）：525—531.

33. 张洪潭. 体育基本理论研究[M]. 桂林：广西师范大学出版社，2014.

34. 崔洁、贾洪洲、刘超等. 基础教育体育与健康课程改革的理论基础及其体现[J]. 北京体育大学学报，2019，42（3）：121—129.

35. 卡尔·马克思. 马克思恩格斯选集（第1卷）[M]. 北京：人民出版社，1995.

36. 杨志成. 核心素养的本质追问与实践探析[J]. 教育研究，2017，38（7）：14—20.

37. 林崇德. 中国学生核心素养研究[J]. 心理与行为研究，2017，15（2）：145—154.

38. 王长恩. 文化场域中的教育与教学活动[J]. 南京师大学报（社会科学版），2011（6）：77—81.

39. CNNIC发布第45次《中国互联网络发展状况统计报告》[EB/OL]. [2020—04—28]. http://www.gov.cn/xinwen/2020—04/28/content_5506903.htm.

40. 任保平、何苗. 我国新经济高质量发展的困境及其路径选择[J]. 西北大学学报（哲学社会科学版），2020，50（1）：40—48.

41. 黄海燕、朱启莹. 中国体育消费发展：现状特征与未来展望[J]. 体育科学，2019，39（10）：11—20.

42. 马荣、郭立宏、李梦欣. 新时代我国新型基础设施建设模式及路径研究[J]. 经济学家，2019（10）：58—65.

43. 王奇、颜小燕. 大数据时代我国体育发展面临的机遇与挑战[J]. 体育与科学，2016，37（1）：75—80+86.

44. 张磊、雍明、邰崇禧. 开放型经济模式下体育产业高质量发展的机遇与挑战[J]. 体育科研，2019，40（6）：65—70.

45. 张鸿. "新基建"赋能高质量发展[N]. 人民邮电，2020-03-11（03）.

46. 梁枢、王益民. 互联网+视域下体育制造业供给侧改革研究：O2O商业模式的开发与应用[J]. 体育与科学，2016，37（4）：36—41.

47. 董亚琦、钟建伟、丁飞. 大数据时代我国体育产业发展路径研究[J]. 体育文化导刊，2018（12）：76—81.

48. 江小涓. 网络空间服务业：效率、约束及发展前景：以体育和文化产业为例[J]. 经济研究，2018（4）：3—10.

49. 朱义正. 在线运动社交对青年体育消费意愿影响的研究：身体意象的中介效应［D］. 广州：暨南大学，2018.

50. SNIJDERS C，MATZAT U，REIPS U D． "Big Data"：big gaps of knowledge in the field of Internet science[J]. International Journal of Internet Science，2012，7（1）：1—5.

51. 荀阳、宋丽颖、黄谦等. 产品涉入作用下的观赏型体育消费忠诚度影响机理研究[J]. 西安体育学院学报，2020，37（6）：696—704.

52. 王鹏、卢耿华、冯景超. 云计算在体育健身休闲行业中的探索性应用[J]. 西安体育学院学报，2018，35（4）：410—419.

53. 黎宏剑、刘恒、黄广文等. 基于Hadoop的海量电信数据云计算平台研究[J]. 电信科学，2012（8）：80—83.

54. 罗贺、杨善林、丁帅. 云计算环境下的智能决策研究综述[J]. 系统工程学报，2013（1）：134—142.

55. 郑芳、徐伟康. 我国智能体育：兴起、发展与对策研究[J]. 体育科学，2019，39（12）：14—24.

56. 马荟. SAP的成功复制术[J]. 互联网周刊，2010（2）：58—59.

57. 庄辰弘. 基于SAPHANA的内存数据库应用研究[D]. 上海：上海交

通大学，2013.

58. ANDERSON G W. SAP基础教程[M]. 北京：人民邮电出版社，2010.

59. 梁辰. SAP推出自建数据库HANA发力移动应用与云计算[J]. 通信世界，2011（41）：38.

60. 孙建刚、柯友枝、洪金涛等. 利器还是噱头：可穿戴设备在身体流动测量中的信效度[J]. 上海体育学院学报，2019，43（6）：29—38.

61. 葛小雨、黄谦、苟阳等. 利用体育类APP进行体育锻炼的行为意向影响研究[J]. 西安体育学院学报，2020，37（5）：558—567.

62. 苟阳、宋丽颖、黄谦等. 体育用品制造业商业网络关系嵌入的促进因素及相互作用[J]. 上海体育学院学报，2020，44（4）：50—60.

63. 黄谦、张晓丽. 社会资本理论在我国体育研究中的现状、特点与展望[J]. 上海体育学院学报，2018，42（3）：17—22.

64. 洪肖肖、伊向仁. 职业、个人价值与观赏性体育消费行为[J]. 体育科研，2012，33（1）：87—91.

65. 张磊. 价值[M]. 杭州：浙江教育出版社，2020.

66. 沈强. 智能运动设备对青少年体育运动影响状况分析[J]. 中国青年研究，2020（7）.

67. 乐玉忠. 阳光体育运动过程监控体系智能评价系统研究[J]. 广州体育学院学报，2013，33（3）.

68. 邬光大、李文. 我国高校大规模线上教学的阶段性特征——基于对学生、教师、教务人员问卷调查的实证研究[J]. 华东师范大学学报（教育科学版），2020（7）.

69. 刘金富、陈浩、王训令. 高校体育教学质量保障体系研究[J]. 体育文化导刊，2016（2）：151—156.

70. 潘华云. 高校体育教学模式的现状、发展趋势与创新路径[J]. 中国成人教育，2013（21）：169—171.

71. 常伟、宋清. 我国高校体育教学改革探讨[J]. 中国成人教育，2015（17）：186—187.

72. 李永. 轻松掌握翻转课堂[M]. 北京：清华大学出版社，2018.

73. 林扬. 论体育在实现伟大复兴中国梦中的地位——基于习近平系列讲话的解读[J]. 南京体育学院学报（社会科学版），2016，30（5）：25—29.

74. 国家体育总局. 国家体育总局办公厅关于大力推广居家科学健身方法的通知[EB/OL].http：//www.sport.gov.cn/n4/n15204/n15205/c941798/content.html.2020.1.30

75. 中国健康教育中心组织编写. 新型冠状病毒肺炎健康教育手册[M]. 北京：人民卫生出版社，2020.

76. 人卫智网：医学教育、学术、考试、健康，购书智慧智能综合服务平台，www.ipmph.com.

77. 人卫官网：人卫官方资讯发布平台，www.pmph.com.

78. 中共教育部党组. 关于统筹做好教育系统新冠肺炎疫情防控和教育改革发展工作的通知，2020-2-28.

79. 胡德刚、宗波波、王宝森. 新冠肺炎疫情期间大学生居家体育锻炼行为与促进研究[J]. 武汉体育学院学报，2020（6）：80—86.

80. 张得保、秦春波、张辉等. 新冠肺炎疫情下普通高校体育课在线教学的实施与思考[J]. 沈阳体育学院学报，2020（3）：10—17.

81. 张加强、钟才艺、詹雪琪. 新冠肺炎疫情期间大学生体育锻炼行为及影响因素研究——以江西师范大学为例[J]. 青少年体育，2020（4）：23—24.

82. 黄亚玲、郭静. 新冠肺炎疫情期体育行动消解社会焦虑的社会学审视[J]. 成都体育学院学报，2020（4）：8—15.

83. 王富百慧、王梅、张彦峰等. 中国家庭体育锻炼行为特点及代际互动关系研究[J]. 体育科学，2016，36（11）：31—38.

84. 杨波、朱利. 初探体育教学的方法和手段[J]. 辽宁体育科技，2005，27（2）.

85. 荆婵. 小议高校分组教学的作用[J]. 科技资讯，2009（30）.

86. 马超. 高校乒乓球选修课教学中的分组教学的研究[J]. 长春理工大学学报（高教版），2009，4（5）.

87. 刘波. 论体育教学方法的最优选择[J]. 安徽师范大学学报（自然科学版），1999，22（3）.

88. 陈煜. 对职业学校体育教学中教师分组轮换教学法的探讨[J]. 辽宁教育行政学院学报，2009，26（12）.

89. 毕桂凤. 高校网球选修课"水平分组"教学的实验研究[J]. 哈尔滨体育学院学报，2009，27（2）.

90. 王河镇. 高校网球选修课中"分层次分组"教学探析[J]. 体育科技，2009，30（1）.

91. 田桂菊. 高校武术普修课按层次分组教学的尝试[J]. 体育学刊，2004，11（4）.

92. 张瑞林、秦椿林. 体育管理学[M]. 北京：高等教育出版社，2008：6.

93. 曲宗湖、杨文轩. 域外体育传真[M]. 北京：人民体育出版社，1999：436.

94. 赵峰. 高校校园体育文化的功能[J]. 山东体育学院学报，1997（2）：64—65

95. 云容学. 我国高校校园体育文化建设探析[D]. 四川：四川大学，2004.

96. 张云凡. 高校校园体育文化建设的研究[D]. 上海：上海交通大学，2009.

97. 赵夏娣等. 中日大学校园体育文化的比较研究[J]. 西北工业大学学报，2002（12）：96—98.

98. 卢义锦、姚士硕. 人体解剖学[M]. 北京：高等教育出版社，2001：98—100.

99. 曲绵域、于长隆. 实用运动医学（第四版）[M]. 北京：人民体育出版社，1982.

100. 宋君毅、王春阳. 篮球运动员髌骨劳损的诊断治疗和预防[J]. 体育师友，2003（2）：54—55.

101. 谢光柏、陶新民、姚文均等. 膝关节损伤后期曲膝肌与伸膝肌力矩比值的远期评价研究[J]. 中国运动医学杂志，1999，18（3）：223.

102. Outerbrridge R E.Further studies on the etiology of chondromalacia Patellae [J]. Brit J of Bone and Joint Surg，1964，46（2）：179.

103. 杨静宜等. 运动处方[M]. 北京：高等教育出版社，2005.

104. 白先月. 髌骨劳损的损伤机制和症状缓解初步研究[J]. 吉林体育学院学报，2003（3）：58—59.

105. 陈祖瑞、王世成、吕炳强等. 实用临床经络解剖推拿手册[M]. 天津：天津科技翻译出版公司，1994：184—185.

106. 王安利. 运动医学[M]. 北京：人民体育出版社，2007.

107. 范振华、周士枋. 实用康复医学[M]. 南京：东南大学出版社，2002.

108. 王予彬、王人卫. 运动创伤学[M]. 北京：人民军医出版社，2006：151—155.

109. 那菊华、孙克迎. 孙中光.体育运动中膝关节损伤的解剖学分析[J]. 潍坊教育学院学报，1997（3）：51.

110. 沈菊英、贾海如. 武术套路中髌骨劳损的发病机理及预防[J]. 体育成人教育学刊，2003（1）：64—65.

111. 李含义. 软伤诊疗学[M]. 北京：人民体育出版社，1987.

112. 曾庆祥. 骸骨劳损的运动疗法[J]. 田径，2007（3）：54—55.

113. 王尧鸣. 浅析篮球运动中的骸骨劳损[J]. 实用医技杂志，2006（11）：1968—1969.

114. 陈香仙. 手法治疗骸骨劳损13例疗效分析[J]. 辽宁体育科技，2003（1）：29—33.

115. 李思民. 对运动损伤的心理因素分析[J]. 吉林体育学院学报，2000（2）：67—6.

116. 教育部. 普通学校体育课程教学指导纲要[M]. 2002.

117. 毛振明、王长权. 学校心理拓展训练[M]. 北京，北京体育大学出版社，2004.

118. 钱永健. 拓展训练（修订版）[M]. 北京，企业管理出版社，2011.

119. 刘素梅. 将拓展训练引入高校体育教学的研究[J]. 中国成人教育，2007（3）.

120. 张传新. 高校体育教学实施拓展训练模式的可行性研究[J]. 中国成人教育，2010（1）.

121. 王文平、符灵荣、付朝琦. 在高校体育中开展拓展训练探析[J]. 教育学术月刊，2008（5）.

122. 王威. 击剑课程在辽宁普通高校推广的调查与分析[J]. 鞍山师范学院学报，2010，12（2）：78—80.

123. 赵传杰. 我国击剑运动发展现状与对策[J]. 中国体育教练员，2000（3）：10—11.

124. 秦巍峰. 对我国高校击剑运动发展现状的研究[J]. 北京体育大学学报，2005（3）：67.

125．陈士亮．我国击剑运动文献现状分析[J]．沈阳体育学院学报，2009，28（5）．

126．戴清、舒建平．我国高校开展击剑运动存在的主要问题与对策[J]．南京体育学院学报（自然科学版），2006，5（3）．

疫情期间大学生身体锻炼情况和线上体育课程调查

1. 您的性别?

   ◎男　　　　　　　◎女

2. 年级。

   ◎大一

   ◎大二

   ◎大三

   ◎大四

   ◎研究生

3. 一周锻炼几次?

   ◎一次　　　　　　◎两次

   ◎三次　　　　　　◎四次及以上

4. 一次锻炼多长时间?

   ◎三十分钟以下

   ◎三十分钟到1个小时

   ◎1个小时以上

5. 主要做什么运动?（多选题）

◎室外慢跑

◎室内跑步机慢跑

◎室内力量训练

◎骑自行车

◎快走

◎球类运动

◎武术类运动

◎舞蹈类运动

◎健身操类运动

◎瑜伽类运动

6. 喜欢用的运动app软件。（多选题）

◎Keep

◎Fit time

◎悦跑圈

◎Hot body

◎薄荷健身

◎其他

7. 运动的目的。（多选题）

◎减肥

◎塑型

◎提高身体免疫力，预防疾病

◎康复治疗

◎散心

8. 有计划、有规律的运动。

◎是　　　　　　　◎否

9. 运动已经成为习惯。

　　◎是　　　　　　　◎否

10. 运动是痛苦的。

　　◎是　　　　　　　◎否

11. 运动作用不大，可有可无。

　　◎是　　　　　　　◎否

12. 我希望的高质量生活必须有运动保驾护航。

　　◎是　　　　　　　◎否

13. 自己会积极主动锻炼身体。

　　◎是　　　　　　　◎否

14. 规律的运动，让我对战胜疫情有了更多信心。

　　◎是　　　　　　　◎否

15. 疫情期间，运动时间少了。

　　◎是　　　　　　　◎否

16. 疫情期间，运动设施受限，无法运动锻炼。

　　◎是　　　　　　　◎否

17. 锻炼身体不受场地设施限制，随时随地都可以做。

　　◎是　　　　　　　◎否

18. 有规律的运动锻炼可以……（多选题）

　　◎让自己的生活更可控

　　◎让自己活力满满

　　◎学习效率更高

　　◎获得战胜自我的喜悦

　　◎对未来充满信心

19. 疫情期间自己身体素质更好了。

◎是　　　　　　　◎否

20. 课程类型。

　　◎武术、健身操、瑜伽、体育舞蹈

　　◎球类运动

　　◎健身健美运动

21. 线上与线下相比学习了更多体育理论知识。

　　◎是　　　　　　　◎否

22. 线上体育课，喜欢用的上课软件。（多选题）

　　◎腾讯视频会议

　　◎雨课堂

　　◎其他

23. 疫情期间的体育课是我锻炼的重要部分。

　　◎是　　　　　　　◎否

24. 疫情期间，体育课上可以和老师、同学更多互动。

　　◎是　　　　　　　◎否

25. 疫情期间，体育课使自己掌握了许多锻炼知识。

　　◎是　　　　　　　◎否

26. 疫情期间，体育课由于网络问题，效果太差。

　　◎是　　　　　　　◎否

27. 疫情期间，体育课解决了许多锻炼中的疑问。

　　◎是　　　　　　　◎否

28. 疫情期间，体育课使自己规律的运动得以保障。

　　◎是　　　　　　　◎否

29. 疫情期间，体育课可以让自己更注重身体锻炼。

　　◎是　　　　　　　◎否

30. 疫情期间，体育课可有可无。

◎是　　　　　　　◎否

31. 线上体育课，不如自己安排锻炼。

　　◎是　　　　　　　◎否

32. 线上体育课与运动app跟炼区别不大。

　　◎是　　　　　　　◎否

33. 线上体育课，枯燥无味，不喜欢。

　　◎是　　　　　　　◎否

34. 喜欢上体育课。

　　◎是　　　　　　　◎否

35. 线上体育课，动作更容易理解。

　　◎是　　　　　　　◎否

36. 理论知识和视频资料使自己学起来更容易。

　　◎是　　　　　　　◎否

37. 体育理论知识让自己更加主动去运动。

　　◎是　　　　　　　◎否

38. 影响你居家锻炼的因素有_____。（多选题）

　　◎增强体质

　　◎调节心理

　　◎减脂塑形

　　◎学校体育课

　　◎场地设施

　　◎运动知识与技能

　　◎家长要求

　　◎身体不适

　　◎其他

高校击剑运动开展现状调查问卷

　　为了了解北京市高校击剑运动开展现状，推动击剑运动在高校的推广，望大家认真作答，谢谢！

1. 性别。

　　◎男

　　◎女

2. 年级。

　　◎大一

　　◎大二

　　◎大三

　　◎大四及以上

3. 你认为击剑运动的作用。

　　◎锻炼身体

　　◎提高心智功能

　　◎培养优雅气质

　　◎其他

4. 击剑课程开设的时间＿＿＿＿＿＿＿＿

5. 击剑对组建的时间＿＿＿＿＿＿＿＿＿

6. 击剑社团成立的时间＿＿＿＿＿＿＿＿

7. 每周进行几次训练？

◎一次

◎两次

◎三次

◎四次及以上

8. 每学期举行几次击剑论坛？

◎一次

◎两次

◎三次

◎四次及以上

9. 每学期举行几次比赛？

◎一次

◎两次

◎三次

◎四次及以上

附件3

高校羽毛球运动中膝盖损伤康复调查问卷

1. 性别。

    ◎男

    ◎女

2. 你认为何种情况下容易发生膝关节损伤。（多选题）

    ◎准备活动

    ◎身体训练

    ◎技术练习

    ◎实战比赛

3. 你认为导致膝关节损伤的直接原因。（多选题）

    ◎准备活动不充分

    ◎运动负荷量过大

    ◎错误的技术动作

    ◎睡眠或休息不好或伤病初愈阶段，以及在过度疲劳的情况下参加
      剧烈的羽毛球运动

    ◎缺乏自我保护意识

◎义务监督不够充分

◎没有树立正确的安全意识

◎积劳成疾

4. 膝盖损伤你经常使用的治疗方法。（多选）

◎理疗

◎中药内服

◎中药外敷或者直流电导入

◎按摩治疗手法（包括软骨病的手法和末端病的方法）

◎针灸

◎痛点注射

◎手术治疗

5. 髌骨劳损你经常使用的运动康复方法。（多选题）

◎根据髌骨周围肌肉制定力量训练康复方法

◎根据康复时间制定组合健身器械训练法

◎根据身体机能状况制定的运动处方

◎髌骨劳损的简易康复练习

◎髌骨劳损的自我康复方法

◎根据髌骨劳损损伤程度制定的康复方法

附件4

拓展教学效果调查问卷

为了了解拓展课程教学效果，提高教学质量，请你认真作答，谢谢！

1. 性别。

    ◎男

    ◎女

2. 年级。

    ◎大一

    ◎大二

    ◎大三

    ◎大四及以上

3. 是否喜欢这个课程？

    ◎是　　　　　　　◎否

4. 是否接受拓展训练的形式，并积极参与？

    ◎是　　　　　　　◎否

5. 课程增强了自己的凝聚力、团队精神和集体意识。

    ◎是　　　　　　　◎否

6. 课程挖掘了自身潜能，增强了自信心，改善了人际关系。

　　◎是　　　　　　　　◎否

7. 课程磨炼了自己战胜困难的意志。

　　◎是　　　　　　　　◎否

附件5

高校校园体育文化建设现状调查问卷（学生）

　　为了了解高校校园体育文化建设现状，获得影响高校校园体育文化建设的主要因素，提高校园体育文化作用，希望认真作答，谢谢！

　　1.　性别。

　　　　◎男　　　　　　　◎女

　　2.　是否对学校的体育器材设备满意？

　　　　◎是　　　　　　　◎否

　　3.　是否对体育活动场地设施满意？

　　　　◎是　　　　　　　◎否

　　4.　是否对体育图书资料满意？

　　　　◎是　　　　　　　◎否

　　5.　健康是指，身体健康、心理健康，并能适应社会。

　　　　◎是　　　　　　　◎否

　　6.　运动能否使人心情愉快、忘记烦恼、变得乐观。

　　　　◎是

　　　　◎否

　　　　◎不清楚

7. 运动能使人更加健康吗?

   ◎是

   ◎否

   ◎不清楚

8. 想拥有体育特长吗?

   ◎是

   ◎否

   ◎不清楚

9. 有助于学习和思考。

   ◎是

   ◎否

   ◎不清楚

10. 有助于个性培养吗?

    ◎是

    ◎否

    ◎不清楚

11. 没有教师的督促能自觉进行体育锻炼吗?

    ◎是

    ◎否

    ◎不清楚

12. 你会经常观看体育节目吗?

    ◎是

    ◎否

    ◎不清楚

13. 你会经常阅读体育刊物吗？

    ◎是

    ◎否

    ◎不清楚

14. 学校有无宣传栏？

    ◎是

    ◎否

    ◎不清楚

15. 宣传栏里有无体育方面内容？

    ◎是

    ◎否

    ◎不清楚

16. 学校有无体育雕塑？

    ◎是

    ◎否

    ◎不清楚

17. 学校是否组织观看大型体育比赛？

    ◎是

    ◎否

    ◎不清楚

18. 学校广播里有关于体育方面的信息吗？

    ◎是

    ◎否

    ◎不清楚

19. 学校是否每年举行运动会？

◎是

◎否

◎不清楚

20. 学校是否定期举办体育节？

    ◎是

    ◎否

    ◎不清楚

21. 学校是否形成体育传统？

    ◎是

    ◎否

    ◎不清楚

22. 你认为体育传统的形成有助于校园体育文化建设吗？

    ◎是

    ◎否

    ◎不清楚

23. 学校是否有高水平运动队？

    ◎是

    ◎否

    ◎不清楚

24. 学校是否经常举办校内体育竞赛？

    ◎是

    ◎否

    ◎不清楚

25. 学校是否经常举办校外体育竞赛？

    ◎是

◎否

◎不清楚

26. 学校是否经常举办体育知识竞赛?

　　◎是

　　◎否

　　◎不清楚

27. 学校是否经常举办体育知识讲座?

　　◎是

　　◎否

　　◎不清楚

28. 学校是否有专门体育活动的机构?

　　◎是

　　◎否

　　◎不清楚

29. 学校是否有体育社团?

　　◎是

　　◎否

　　◎不清楚

30. 学生希望获得的体育知识。

　　◎健身方法

　　◎体育新闻

　　◎健康知识

　　◎其他

高校校园体育文化建设现状调查问卷（教师）

1. 您是否会和学生一起活动？

   ◎是

   ◎否

   ◎偶尔

2. 您认为体育教师的个性对学生的影响。

   ◎很大

   ◎一般

   ◎较小

   ◎没有

3. 您对自己体育教学的评价。

   ◎幽默

   ◎严肃

   ◎朋友

   ◎讨厌

   ◎偶像

4. 您传授知识的方式。

◎室内课

◎室外课

◎其他

5. 您传授知识的类型。

◎运动生理知识

◎运动心理知识

◎运动技术

◎其他